2023 理　想 第 708 号

目　次

寄稿論文集Ⅲ

エステラ・フィンチにおける戦争と宗教

——ロシア軍のウクライナ侵攻に鑑みて——

石塚　正英

はじめに

もっか激しさをますロシア軍のウクライナ侵攻を考える素材として、私は、二〇二二年四月九日、ＮＰＯ法人頸城野郷土資料室（理事長、新潟県上越市）主催の文化講座〔ますやdeお話し会〕（第30回）で、「兵士と家族に慰安を——エステラ・フィンチ、高田で伝道に目覚める」を講じた。本稿は、その内容（プロジェクター提示資料）をもとに、あらためて小論文として執筆したものである。

　主眼は、個人の志願でなく国家の命令で人々が従軍する場合、それも、個人的な信条や信仰として平和を願う者が銃をもって戦場に赴かざるを得ない場合、その人の心と行動のギャップはいかにして埋め得るか、という難問に取り組んだ伝道師フィンチの考察である。

1．国家暴力としての戦争

一国の内であれ外であれ、個人であれ集団であれ、権力の樹立やその奪取を目指して行使される武力（force）、それは人権と平和に矛盾する(1)。戦争は文明を高度にするためのやむなき外科手術だったとか(2)、戦争は過剰生産を処理する方法の一つだったという見解は(3)、人はなぜ戦争をしてきたかという問いかけへの学問的な返答ではあろうが、戦争行為を正当化したり賛美したりするものであるはずがない。

ロシアが二〇二二年二月二四日に隣国ウクライナへと軍事侵攻してから、一年以上が経過した。二〇一四年に両国間で生じたクリミア危機からくすぶっていたウクライナ東部における親欧州派と親ロシア派の紛争は、二〇一五年にいったん停戦合意された。それが、二〇二二年二月に至って破られた。それ以降、ロシア連邦大統領プーチンは再三にわたってウクライナに侵攻することとなった。その動向はさらにモルドバ共和国やポーランド共和国、バルト諸国に波及する様相を呈していった。例えば、モルドバでは同年十月末にもウクライナが迎撃したロシアのミサイルの破片が北部の村に落下した。十一月中旬、ウクライナ国境に近いポーランドの村にミサイルが着弾した。第二次世界大戦から八〇年近く経過したが、ヨーロッパ地域から世界大に拡散しそうな戦争の火種は消えることがない。東西冷戦崩壊から三〇年以上経過したが、諸国家の興亡や合従連衡、集散離合はおさまるどころではなさそうだ。私は、一人の社会哲学者として、ファクト（事実）とフェイク（偽物）の織りなすフュージョン現代史に立ち会っている(4)。だが、戦争情報に偽物はあっても、戦争犠牲者に偽物はまずない。

さて、戦争とは、人が武器をとって人を殺害する出来事である。ロボットや無人戦闘機同士の戦いに殺人はない、という発想は転倒の極みである。戦場とは、あいもかわらず、殺さなければ殺される問答無用の現場である。以下に紹介する事例は内乱の一種である二・二六事件（一九三六年）で同郷（秩父）の軍人同士が敵味方に分かれて皇軍相撃の現場に立たされたときの、ある元兵士の証言、慟哭を引用する。

反乱軍の中には同郷の者がおり、彼とは入隊前親しくつき合っていた間柄でもある。その友と撃合ったらどんなことになるのか。郷里の人たちに何といって顔向けができよう。何の罪もない者同士が殺し合いするなど到底考えられるものではない。どうしても撃てというなら私は空に向かって撃つことにしよう。あの時私はそのように決心していた。（一等兵）(5)

そのような非人間的体験は決してあってはならないが、戦争は国民的義務、上官の命令は絶対、としてそれを強いる。また、軍隊という組織は、そうした体験を日常的に強いて馴化させる制度である。軍隊とはいわば、生活人としての私的自律観念を捨てて国家人としての公的忠誠観念を抱け、それこそが正義であり敬愛である、との理念で貫かれる場なのである。しかし、人はみな私人として社会に生まれいずる。倫理観に貫かれた私人の自律を剥奪されてまで国家に包摂されてはならない。愛国心と愛郷心は区別されねばならない(6)。国家や法の前に先ずは社会があるのだ(7)。

そうであるならば、人はときに、チェック・アンド・バランスの観点に立って、社会から国家への倫理的介入を敢行するべきであろう。倫理の「倫」とは、友、仲間、共同体を意味する。また、「理」とは道すじ、道理を意味する。倫理とは、行為する主体がその仲間との間や集団の中で守るべき規範のことである。人はいかにして道徳的に生きるか、をめぐって理論的考察を行うのが倫理学である。倫理学の課題には、倫理＝規範自体の改変も含まれる。軍隊における倫理問題は、例えば以下のように発生する。「軍隊に聖職者がいることがおかしいからといって、軍から聖職者を追い出せば戦争がなくなるわけでもない。そのようなことをしても、孤独な兵士が残されるだけである。」(8)日露戦争（一九〇四―〇五年）の少し前、キリスト教伝道のためアメリカから越後高田（現在の新潟県上越市）にやってきて挫折した女性アイダ・エステラ・フィンチ（Ida Estella Finch, ウィスコンシン州生、一八六九―一九二四年、日本名「星田光代」）は、あるとき一念発起し、兵士への伝道に新しい生甲斐＝使命を見つけていくのだった。

2. エステラ・フィンチと越後高田

日本におけるエステラ・フィンチの伝道活動については、二〇二二年に至ってわが国の読書界で俄かに知られるようになった。海野涼子『エステラ・フィンチ評伝――日本陸海軍人伝道に捧げた生涯』(芙蓉書房、二〇二二年四月)の刊行がその発端である。それと前後して、私はＮＰＯ法人頸城野ドキュメントライブラリー（新潟県上越市）の一メンバー（副理事長）として、新潟日報上越支社からフィンチに関する調査依頼を受けた。二〇二一年に、明治期の越後高田でいっとき活動したフィンチに関する足跡調査を始め、フィンチ関係資料を保管する横須賀市の海上自衛隊第二術科学校に連絡を付けたりした。

この二件は相互に関連はなかったが、二〇二二年に入ってほどなく結びつき、以下の成果が生まれることとなった。①石塚正英「兵士と家族に慰安を――エステラ・フィンチ、高田で伝道に目覚める」(ますやdeお話し会、第30回、二〇二二年四月九日)、②川島祐一「新刊紹介：海野涼子『エステラ・フィンチ評伝――日本陸海軍人伝道に捧げた生涯』」(『NPO法人頸城野郷土資料室学術研究部研究紀要』フォーラム第88号、四月二九日)、および③「ブックパーティー：海野涼子『エステラ・フィンチ評伝――日本陸海軍人伝道に捧げた生涯』(芙蓉書房、歴史知研究会、第92回、五月二八日)の諸活動である。

上記の海野著作、川島紹介文とブックパーティー報告者の一人である宮崎智絵の提供する資料などをもとに、以下において、エステラ・フィンチにおける戦争とキリスト教伝道の関係について、私なりの理解を記してみたい。

エステラ・フィンチは、一八八九年、二〇歳でニューヨークの神学校ミッショナリー・トレーニング・スクールに入学し、一八九二年同校卒業後宣教師となった。インディアナ州で伝道に従事したのち、一八九三年、クリスチャン・ミッショナリー・アライアンス(基督者伝道同盟)の派遣宣教師として来日した。一八九五年、日清戦争後の越後高田にて新潟高田女学校で伝道を開始。けれども、来日以来の体験を通じて、日本人には贖罪意識が乏しいことに挫折感を覚えるようになった。一八九七年、高田にやって来た黒田惟信牧師と邂逅し、黒田が抱く「軍人には軍人の教会が必要である」との信念に共鳴し、ぐらつきかけていた精神は立ち直りをみせていった。一旦帰国したものの、一八九八年、軍都横須賀で伝道を再開した。翌年、黒田惟信と共に横須賀市若松町に「陸海軍人伝道義会」を設立。多くの軍人達や関係者に「マザー」と呼ばれて慕われた。一九〇九年、四〇歳にして日本に帰化し、星田光代と改名した。一九二四年、五五歳で心臓病により逝去した。墓所は横須賀市の曹源寺にある(9)。

さて、エステラ・フィンチが軍人への伝道に覚醒した越後高田、その地を含む頸城野は、わが故郷である。私は、一九四九年に旧高田藩の城下町(現在の上越市仲町六丁目)に生まれた。かつての旧名は、大きなノコギリのオガ(大鋸)に因んだ大鋸町(おがまち)である。大工や木挽きの住む雁木通りに面して町家が立ち並ぶ(10)。一九五四年四月から一九五六年三月まで、私は町内(旧名は寄大工町)の林西寺(浄土真宗)に併設された私立和同保育園に通った。現在は社会福祉法人和同福祉会(認定こども園和同保育園となっている。五歳の頃、私はワンパク坊主だったので、麻疹にかかっても親や先生のいうことを聞かなかったらしい。室内遊び場を兼ねたお御堂には入れてもらえず、境内でシーソーに乗ったりして遊んでいた。

母は、はやく麻疹をなおしたく思い、伝統的なマジナイ、(悪心敬して避ける)儀礼を施した。「さんばいし」と称する藁の神さんをつくり、裏手の儀明川に私を連れて行って、それを私の頭にのせた。それから笹の葉に水をつけてお祓いをしながらこう言った。「神さんかえってくんない。」そのあと母はその藁神にお湯をかけ、それを川に流した。頸城野は、親鸞聖人遠流の地だが、彼の流刑以前から野人・鬼神のごとき生活者がそこには息づいていた。親鸞が確たる信念として捉えた悪人正機は、中央権力にまつろわぬ頸城野のごときイギミ（夷君）の辺境地域において、彼が自称「愚禿鸞」の境涯を生きたところに育まれた。「まことにしんぬ。かなしきかな愚禿鸞、愛欲の廣海に沈没し、名利の大山に迷惑して、定聚のかずにいることをよろこばず、真証の証にちかづくことをたのしまず。はづべしいたむべし。」(11)

ところで、頸城野の中世近世農民は、阿弥陀仏として自ら刻んだ石仏をときに虐待した。彼らはこの行為によって、西方浄土にましまます本物の阿弥陀如来をそうしているのではない。虐待の行為は端的に眼前の石仏神に向けられているのである。そのとき南無阿弥陀仏の名号「ナンマンダーブ」が唱えられたとして(12)、それは西方浄土に向かってのことでなく、眼前の石仏＝物体に向かってのことである。本物としての物体神は、私の研究テーマに即した表現ではフェティシズムの神体フェティシュである。親鸞の弥陀称名はそれとは違う。よって、頸城の野生的生活者の原初性には通用しなかった。親鸞の説く弥陀は、越後の鬼神の仲間となって己れを具象化させることが自己矛盾である以上、かの地から退散せざるをえなかった(13)。エステラ・フィンチの最初の挫折はここに起因する。頸城野の諸衆、いや日本各地の諸衆にとって、阿弥陀仏も弥勒仏もみな、類型としては自然神に起因している。彼らは山川草木の自然信仰者だったのであり、信仰の核心は贖罪意識でなく依存意識にあった(14)。

さて、「悪心敬して避ける」儀礼の残存する時代に頸城野で成長した私は、のちに研究者となって、奇遇にもわが故郷の文化をフィールド調査することとなった。一九九〇年代、四〇歳代のこと、ふとしたことから岡田諦賢（おかだ・たいけん、一八四七―一九二七年）の名を目にすることになる。それは、聖徳太子信仰調査の道すがらにおいてだった。

一八八八（明治二一）年十月、浄土真宗大谷派林西寺住職の岡田諦賢は中島秀洗、村田豊次郎とともに、寄大工町の林西寺に、上越婦人教会の関連施設として「幼稚保育所」を開設した。上越地方で最初の幼児保育施設である。翌八九年七月に下小町の旧キリスト教会堂に移転し、創立から十年ほど運営された。保育所には満五歳から六歳の幼児が月謝一銭で託された。なお、岡田は、若き教育者三谷民子が東京から赴任したことで知られるキリスト教主義の高田女学校とは別に、一八九一（明治二四）年四月創立の仏教系の女学校「私立高陽女学校」の設立（馬出町の龍巌寺境内、一九〇八年三月廃校）にも奔走した。

それと前後する時期に、キリスト教伝道にまつわる頸城野エピソードの一コマとして、エステラ・フィンチの活動が差しはさまれる。彼女は、特定の教派にこだわらない超教派の宣教師として日本での伝道を志し、当初姫路市に、その後東京都下に滞在するが、やがて一八九〇年代後半、高田町にやってきて、軍隊での伝道に意欲を燃やすようになった。その意図は、戦争という時代のうねりに巻き込まれる若者たちの心をキリスト教精神で支えることであった。

海野涼子『エステラ・フィンチ評伝』に、以下の記述が読まれる。来日したフィンチは神戸でクリスチャンの品川悠三郎と出逢い、また東京に移動する前後、来日宣教師の先輩にあたる東京の女子学院宣教師マリア・ツルーと出逢う。東京に移動した品川やフィンチは、一八九〇年代中頃に女子学院の別荘地、上州（群馬県）の「入りの湯」に出向いた。そこに同行した女子学院生徒の一人に、やがてフィンチを支援するべく高田へやってくることになる十時（ととき）菊子がいた。フィンチは、「この旅行の間、新潟高田での伝道のことを思い巡らせていた。高田にはツルー女史の計画による桜井女学校の分校（高田女学校）があった。フィンチの胸には、その分校を拠点とする高田伝道を行う、という大きな課題があったのだ。フィンチは今回の旅に品川を迎えて、大いに彼の尽力を期待していることを伝えるのだった。フィンチは高田伝道に対する自分の思いを率直に品川に語った。」(15)

品川に対するフィンチの願いはかなわなかった。一八九五年九月十一日、フィンチは「入りの湯」で一緒だった向井秀子と栗本した子を伴って高田に向かった。だが、高田でもっともフィンチの力になったと思われる女性が、翌年フィンチを追いかけた。東京の女子学院でまえもってエステラ・フィンチの教えを受けていた福岡県出身の十時菊子は、一八九六年同院卒業後、私立高田女学校に奉職し、その傍でフィンチの個人伝道を助けたのだった。

しかし、フィンチはすでに大きな悩みを抱えていた。それは、日本人には贖罪意識が稀有なことだった。失意のうちに帰国準備に取りかかっていた頃、一八九七年三月、高田のフィンチに一人の訪問者があった。横須賀の牧師、のちに黒田惟信と改名する佐藤曠二だった。彼は、軍都横須賀で軍人への伝道を真剣に考え、自身の使命としていた。フィンチはその佐藤を高田城址に連れて行き、話しを聴いた。佐藤自身による、贖罪の告白についてだった。そしてフィンチは「日本の人々は改心がないと思っていた。だが私は間違っていたようだ。こういう人がまだ日本にはいるではないか。」(16) こうしてフィンチは一念発起しつつ、アメリカに向かって同年六月に離日したのち、翌年には日本に戻り、横須賀で伝道を継続することとなった。十時はその後、郷里の柳川や熊本に活動の場を移していった(17)。

3．日清・日露戦争と高田

フィンチが黒田を連れて行った高田城址は、一八九〇(明治二三)年、明治政府から旧高田藩主の榊原家に一万二千円で払い下げられていた。フィンチが黒田と城址を訪れたのはその七年後のことである。その地を、一九〇七(明治四〇)年に高田町が六万円で取得した。弘前からの移転が予定されていた第十三師団用地にあてがうためだった。一九〇九(明治四二)年には城址に桜二二〇〇本が植樹され、一九二六(大正十五)年には第一回観桜会が開催され、やがて高田城址は夜桜で全国的に有名となっていく。

第十三師団は日露戦争中の一九〇五(明治三八年)の春に弘前で編成され、一九〇八年秋に高田に移転し、それ以来、一九一三年春から一九一五年にかけて満洲遼陽に移転したものの、一九二五(大正一四)年の宇垣軍縮で師団が廃止されるまで、高田町に留まった。高田町は、日清・日露の戦間期、軍隊の招聘運動に奔走した。日清戦争に先立って、上越地方にも開戦論や義勇兵志願の機運が高まりをみせ、開戦とともに上越地方から陸海軍あわせて約百名が出兵した。その後の日露戦争後の軍備拡大をうけて、高田は軍都となったのである。フィンチらがやってきた日清戦争直後の高田町は、すでに軍都への道を歩んでいたとみてよい。

ここに添付する写真は、日露戦争勝利を祝した凱旋の行列である。場所は、の

ちに私が生まれる大鋸町と推測される。このような日露戦勝凱旋パレードは、東京を中心に日本各地で挙行され、凱旋門もたくさんにわか造りされた。日露戦争では高田町においても、日清戦争以上に戦意の高揚が起こった。高田から従軍した兵士は第二師団に所属し、約七百名が戦争に参加した。戦争前後、高田では都市の経済的充実を図るために大企業や官営事業の誘致、俘虜収容所の設置運動が起こったが、いずれも実らなかった。しかしながら、記述の通り、戦後の軍備拡大の必要性によって高田に第十三師団が招致されるに至り、地元の経済活動は急速にアップテンポとなった。軍人対象に大量の野菜供給が要請され、一九一〇（明治四三年）、高田の本町二丁目（現在大町三丁目）に「二七の市」が開設された(18)。

一八九〇年代から一九〇〇年代にかけて、以上のように軍都高田の発展が見られる過程で、徴兵制に基づく軍人教育の必要性は高まるばかりだった。そのような趨勢は日本全土に及んでいた。かような時代にフィンチと黒田は、軍隊におけるキリスト教教育をいかように進めようと考えたのか。その理念は何か。次節では、その問題について考えてみたい。フィンチは、宣教師であり伝道を旨として生涯をすごしていたので、結果的にまとまった著述を残さなかったのだろう。それで、次善の策として海野涼子のフィンチ評伝に依拠することとしたい。

4．クリスチャン軍人に特化した宗教教育とは何か

私はフィンチと黒田の信仰精神や伝道思想について確認するべく、海野涼子著作の幾つかページの欄外にメモを書きつけた。そのメモに書き足しをして、以下に記す。

①「日本の人々は改心がないと思っていた。だが私は間違っていたようだ。こういう人がまだ日本にはいるではないか。」（七六頁）について。これは佐藤（黒田）の実存にかかわるのであって、日本人に一般化はできない。しかし、佐藤は間違いなく日本人であるから、フィンチの感激はよく表現されている。私のごく親しい人にも贖罪意識を抱く人は見出される。また、キリスト教における「改心」に比較できる仏教信仰は帰依としての「南無」であろうか。『新約聖書』の章節「こころの貧しい人たちは、さいわいである、天国は彼らのものである」（「マタイ」5―3）は、よく親鸞の悪人正機に比肩される(19)。私の解釈でいけば、「こういう人がまだ日本にはいるではないか」という表現は、昔の日本には神仏に南無する人々、すなわち改心する人々がたくさん存在し

ていた、というようにも理解できる。

②「この町に住み始めて横須賀の町の様子も分かってきた佐藤牧師にとって最も驚きだったのは、町中いたるところに行き来する軍人の数の多さであった」(八二頁)について。軍人の往来が目立つからといって、それは必ずしも軍人伝道の一般化、マニュアル化を意味するわけでない。信仰は数や群によるものではないはずだ。信徒の数だけ神威が増すのでなく、いつ何時でも、自分の心に、自身にベクトルの向いた神がいてくださる！　この信仰心は、とりわけルター以降のキリスト教徒の本心ではなかろうか？　あくまでも私の解釈にすぎないのだが、ルターにおいては、神とは超越的であったものの、神の信仰は心の中で直接行われる。人の心と神との間には、いかなる媒介もあり得ない。その際、ルターにおいて神は未だ超越的だったが、私の研究対象である一九世紀ドイツのフォイエルバッハにおいて神は人間の本質あるいは類的存在となった。ベクトルは交互的となった。

③「どうしても軍人には軍人の教会が必要である」(八四頁)について。軍人には軍人の神が必要である、というに等しい。軍人に特化した教会とは？　その根拠は、やはり、軍人の置かれた特殊事情にかかってくる。ただし、それは侵攻側か防衛側かの事情ではない。現今の事例でみると、ロシア側かウクライナ側か、という問題ではないのである。軍人の行動は職業でなく使命である。私的でなく国家的公的としての殺人、その行為を含む軍人の使命に寄り添う倫理観の問題なのである。

④「しかしあの新潟、高田での佐藤との出会いは、これまでのフィンチにはなかった強さと心惹かれる何かをもたらしたのだ」(八九頁)について。軍人伝道、軍人の教会、それがフィンチの心を動かした。石川明人は『戦場の宗教、軍人の信仰』において、「戦争そのものは悪であるが、人々は必ずしも悪意や憎しみだけで戦争をしているわけではない」と主張している[20]。フィンチは、石川の言う「悪意や憎しみ」以外の動機を軍人への伝道に発見し、その行為の中に癒しを見いだしたかったのだろう。

⑤伝道義会「設立の主旨は、なんといっても陸海軍人及びその家族にキリスト教を布教し、精神的修養のみならず、身体的にも、家庭的憩いを与えようとするものだ」、「佐藤の思いは「義会の義は、〝羊我〟と書くから羊の群れ(信徒)をさす」(一一八頁)について。信徒の群れには軍人およびその家庭が含まれる。義会は神と信徒との間以外に信徒とその隣人とのコムニタス(共同)をも見込んでいる。つまり、義には一般社会との接点を

もうける配慮がある。そうであればこそ、隣人の側から義会に向かうベクトルも生まれる。軍人に対するフィンチの伝道意欲は、こうした双方向のベクトルの合間に生まれたのではないだろうか。

⑥フィンチは「教え子達にこう話したのだった。……(中略)……私はあなた方をお世話する母(マザー)ですから私をマザーと呼びなさい。あなた達は私のボーイズ(子ども達)です。」(一七〇頁)について。私の解釈を記すと、フィンチの言葉は、いわばイエスの言葉であるかのようだ。「イエス・キリストがあなたがたのうちにおられる(Jesus Christ is in you.)」(「コリント」13—5)になぞらえてフィンチを喩えると、「母はあなたがたのうちにいます」となろうか。いや、そうはならない。むしろ、「あなたはもう一人の私(羅 alter-ego, 希 heteros-autos)です」となるだろう。フィンチの言う母と子は、信仰上の関係である前に、生活上の関係である。あるいは、一方的な保護‐被保護の関係である前に双方的な保護‐被保護の関係、すなわち通時的な共同の関係であると解釈できる。

彼女は、いわばクリミア戦争時(一八五三—五六)に看護活動に専心したフローレンス・ナイチンゲールのようである[21]。戦争に賛成とか反対とかの前に、あるいは宗教的に義かどうかという前に、社会に生きる個人の良心や使命から隔絶せられ、国家に組み込まれ絶対命令に服従せられた軍人の精神と身体、それに人間関係を叶う限り日常的に整え維持する方途を義会において探求したのだった。義会で学んだ軍人を「クリスチャン武人」とか「クリスチャン軍人」と称し、フィンチの伝道を補佐した人々も輩出した。

越後高田でのこの人物とその足跡について、昨年、上越市内のキリスト教関係者に電話などで問い合わせの調査をしたが、関連情報は得られなかった。

5. ロシア軍のウクライナ侵攻によせて

クリミア戦争で宗派にこだわらず看護に従事し「クリミアの天使」と称えられたナイチンゲールは、フィンチが高田にやってきたころは存命であった。ナイチンゲールは、フィンチが四〇歳で日本に帰化し星田光代と改名した翌年、一九一〇年に九〇歳で亡くなっている。それから八年後の一九一八年、ロシアで社会主義革命が成功し、その直後にはイタリアでファシズムが勃興した。ここに民主主義と社会主義とファシズムの多極世界が出現した。それに伴って、国家間戦争にはさまざまなバリエーションが生じた。帝国主義間戦争、祖国防衛戦争、社会主義革命戦争、民族解放戦争、東西冷戦（代理戦争）など。それらは、ソ連崩壊と東西冷戦の終結とともに、一九九〇年代にはおおむね下火となった。

ところが二〇〇一年のアメリカ同時多発テロに始まって、毎年のように各地で国際テロ事件が多発し始めた。二〇一四年には、クリミア半島とウクライナ本土ドンバス地方で危機が生じ、それはクリミア戦争へとエスカレートした。ナイチンゲールが亡くなって一世紀後の再発である。その後二〇二一年秋、ロシア軍はウクライナ国境へ集結し始め、二〇二二年二月二四日にウクライナへと侵攻した。危機の遠因は、冷戦後におけるNATO勢力の東欧への拡大である。したがって、俯瞰的にはロシアとアメリカ・NATO諸国の双方に戦争責任がある。あるいはまた、見方によっては、ウクライナは、ロシア対アメリカ・NATOの外交戦略に振り回され、自国が大国間の利害調整の戦場とされることとなった。

それでも、私は、古代からのウクライナの歴史に鑑みて、ロシアはウクライナに侵攻するべきでないと考える。古代ウクライナ地方に建国されたキーウ（キエフ）公国は〔ルーシ〕という民族の国だった。その民族名の意味する内容は、一〇―一二世紀にかけてドニプロ水系でノヴゴロド公国やキーウ公国をたてたノルマン系民族を指した。スラヴ系とは違う。とにかく〔ルーシ〕、〔ルテニア〕、〔ロシア〕などは、のちのスラヴ世界における一地方（土地・人・文化）を指すに過ぎなかったのだが、やがて一八世紀以降東スラヴ世界を統合する「種族的・民族的意味」＝ネーション・ステート〔ロシア〕の意味内容で統合されるに至った。一九世紀初ロシアに登場した統合理念は〔スラヴォフィル（スラヴ愛国主義）〕と〔ザパトニキ（西欧主義）〕だったが、それはともに近代的な思想・思潮である。私がウクライナの紀元・始祖とみているのは、ドニプロ水系で古代から中世にかけて存在した〔ルーシ〕たちである。彼らの愛郷思想を、私は〔ルッソフィル〕と命名している。いわば〔キーウ愛郷思想〕である(22)。

さて、この戦争を、ナイチンゲールとフィンチはどう評価するだろうか。いや、そうではなく、これに動員されたロシア・ウクライナ双方の兵隊について、どう対応するだろうか。民間施設を爆撃の標的にしたり人間を盾に攻撃を牽制したりする軍事作戦、それを告発する態度表明とは次元を異にする叡知が必要である。ナイチンゲールとフィンチは、その前例を示したのではないだろうか。

むすびに

国防のため国民に自由を棄てよ、生命を投げ打て、と迫る国家は護るに値しない。国家の命令で人が自己の生命や自由を棄てざるを得ないということは、その人はもはや国家に護ってもらえてないということなのだ。国家の前に、まずは社会である。ナイチンゲールとフィンチの活動は、国家的でなく社会的である。彼女たちは、ことさら政治的な主張はしていない。国家権力を楯とする人権保護というよりも人命救助ないし精神と身体の自然的維持を目標にしている。国家を護るためでなく人間を守るために生涯を捧げたのである。

人間は政治的に生きるのみではない。生きる、とはまずは社会に存在することから始まる。政治的な振る舞いは、社会的生存の基盤の上に成り立つ。さて、戦争は政治的な振る舞いである。クラウゼヴィッツは『戦争論』(一八三二年)に書いた、戦争とは他の手段をもってする政治の継続である、と。ナイチンゲールとフィンチの活動は、戦争継続・戦闘能力維持を意識していたのではない。生存という社会的基盤の喪失を防ぐことを目的にしていたのである。敵の兵士を宗教で自律させるということは敵の戦力を保つことを意味する、という見解は政治的であって社会的ではない。

もっか激しさをますロシア軍のウクライナ侵攻を考える素材として、フィンチの思想と行動を、政治的でなく社会的に、人間存在論的に評価すること、それが本稿のねらいである。

注

(1) 武力(force)について、本稿での定義的な説明をする。ある人が自宅でくつろいでいるところに、突然地震が発生して家屋が倒壊して犠牲者になったとする。その揺れが自然現象であれば、それは自然の猛威ではあるが暴力ではない。その揺れが近隣の工事現場での事故によるものであれば、人災ではあるが暴力ではない。その揺れが近隣の軍事施設への空爆攻撃によるものであれば、暴力=フォースである。まして、その一帯を狙った攻撃であれば明確な暴力=フォースである。詳しくは以下の拙稿を参照。「フォースとヴァイオレンス――〈支配の暴力〉と〈解放の抗力〉」、石塚正英『学問の使命と知の行動圏域』社会評論社、二〇一九年、第七章。

(2) 土居光知『古代伝説と文学』岩波書店、一九六〇年、二一三頁。

(3) 高橋洋児「経済グローバル化の現段階」、静岡大学『経済研究』第3巻第3号、一九九八年、三七頁以下。

(4) ここに示す「フュージョン(fusion)」とは、通常「溶解、融合、統合、連合」と訳される。さて、私の認識では、歴史形成の動因には、本物だけでなく偽物もフュージョンとなって存在している。

(5) 埼玉県史編さん室編『二・二六事件と郷土兵』埼玉県史刊行

協力会、一九八一年、五四八頁。

（6）愛国心と愛郷心の区別は重要である。前者は国家にかかわり、後者は社会にかかわる。詳しくは、以下の拙稿を参照。「造語「パトリオフィル（愛郷心、patriophil）」の解説」、『頸城野郷土資料室学術研究部研究紀要』Forum26 2018、二〇一八年六月。https://www.jstage.jst.go.jp/article/kfa/2018/26/2018_1/_article/-char/ja

「文明政治権力に抗うパトリオフィルの概念確立」、石塚正英『歴史知のアネクドータ』社会評論社、二〇二二年、第15章第17節、三三〇—三三八頁。

（7）日本国憲法GHQ草案（マッカーサー草案）第13条にこう記されている。「すべての自然人は、法の前に平等である（All natural persons are equal before the law.）。」常岡（乗本）せつ子／C．ダグラス・ラミス／加地永都子／鶴見俊輔編訳『日本国憲法を読む』柏書房、二〇一三年、九九頁。なお、英文中の“natural persons”を、私は「地球市民」と訳している。拙稿「地球市民社会（natural persons' association）の提唱——グローバリゼーション（単一世界化）でなくクレオリゼーション（多様世界化）をめざそう！」、石塚正英『アソシアシオンの世界多様化——クレオリゼーション』社会評論社、二〇一五年、第7章。

（8）石川明人『戦場の宗教、軍人の信仰』八千代出版、二〇一三年、四〇頁。

（9）詳しくは以下の文献を参照。海野涼子『エステラ・フィンチ評伝——日本陸海軍人伝道に捧げた生涯』芙蓉書房、二〇二二年。なお、著者の海野は、本論に記した黒田惟信の孫にあたる。

（10）詳しくは以下の文献を参照。石塚正英『大工職人の雁木通り史』第3版、NPO法人頸城野郷土資料室、二〇二三年。

（11）親鸞、金子大栄校訂『教行信証』岩波文庫、一九九〇年（初一九五七年）、一九二頁。悪人正機とは、親鸞『歎異抄』に読まれる以下の文章に象徴される。「善人なをもて往生をとぐ、いはんや悪人をや。」金子大栄校註『歎異抄』岩波文庫、一九九〇年（初一九三一年）、四五頁。善人は自力で極楽に往生したいと願うが、そのような欲をもたない悪人は他力にふさわしく、悪人こそ往生しやすい、という意味である。

（12）フォイエルバッハ研究者でルカーチ翻訳者の暉峻凌三（一九一五—九二年）は、晩年、喉を切開し気管にカニューレを挿入していた。弟子の柴田隆行と一緒にお見舞いがてら自宅にうかがったとき、暉峻は、空気の出入り可能なカニューレの穴を利用して、私たちにこう話してくれた。「そうか、石塚さんも私と同じ浄土真宗ですか。呼吸困難になると、私はきまってナンマンダブー、ナンマンダブーを繰り返す。そうすると呼吸が楽になるんです。」実家が真宗であっても自身は仏教徒でない暉峻にとって「南無阿弥陀仏」の六字名号は、西方浄土に向いているのでなく、闘病に密着した必須のフレーズだった。暉峻は私たちと一緒にフォイエルバッハの会を一九八九年三月に創立した関係でもあり、二〇二一年十一月に柴田が十文字峠付近で滑落死しただけに、私にはことのほか忘れられない思い出である。

（13）詳しくは、以下の拙稿を参照。「親鸞の弥陀と越後の鬼神」、石塚正英『フェティシズムの信仰圏』世界書院、一九九三年、第5章。拙稿「親鸞の弥陀と越後の鬼神（続編）」、石塚正英『歴史知の百学連環——文明を支える原初性』社会評論社、二〇二二年、第5章。

（14）自然信仰における依存意識とは、祈願に関係する。祈願が叶えば崇拝を強め、なかなか叶わなければそれが弱まっていく。詳しくは以下の拙稿を参照。「神仏虐待儀礼の発生根拠を問う」、石塚正英『信仰・儀礼・神仏虐待——ものがみ信仰のフィールドワーク』世界書院、一九九五年、第1章。

（15）海野涼子、前掲書、五八—五九頁。

(16) 同上、七六頁。

(17) 十時菊子の伝記に以下のものがある。十時英二「回想のなかの会とひと――十時菊子」、日本キリスト教婦人矯風会編『婦人新報』一九九七年五月号。

(18) 日清日露戦争前後における頸城野の歴史については、以下の文献を参照。新潟県高田市教育会編、高田市役所発行『高田市史』(全1巻)、一九一四年。高田市史編纂委員会編、高田市役所発行『高田市史』(全3巻)、一九五八年。上越市史編纂委員会編集、上越市発行『上越市史』通史編5、6、7、一九九九―二〇〇四年。石塚正英『地域文化の沃土 頸城野往還』社会評論社、二〇一八年。石塚正英『大工職人の雁木通り史』第3版、NPO法人頸城野郷土資料室、二〇二二年。

(19) 「こころの貧しい人たちは、さいわいである」に関連して、フィンチは日本の武士道精神を引き合いに出している。「ある意味で生活においても、貧弱な日本人は神の選民たる資格をもっていて、この人々こそ神の国を拡げることができると考え、ここに落着く気持ちになりました。殊に調べてみると、日本の武士というものは質素倹約を尊び、どのような窮乏にも耐える訓練を幼時から受けている。」(海野涼子、前掲書、二二一頁)この文章は、フィンチのオリジナルでなく、彼女と交流のあった元文部大臣の前田多門のフィンチからの聞き書きである。また、海野の記述として、以下のものがある。「武士道とキリスト教、この二つの精神については、義会と内村鑑三との交わりがよく語ってくれている。……(中略)……のちに内村鑑三は、『武士道という台木にキリスト教を接木したのが伝道義会である』と表現した。」(海野、同上、一九一頁)ここに記された「武士道」は、新渡戸稲造の著作『武士道』あるいは、その原典の英語版 *"Bushido, the Soul of Japan"* に依拠したものと言える。明治維新以後に概念化された近代的な概念であり、山岳信仰と習合した八幡神や諏訪神を崇拝する鎌倉期の武士神道とは大きく異なる。詳しくは拙稿を参照。「武士神道と武士道の類型的相違」、石塚正英『歴史知のアネクドータ――武士神道・正倉院籍帳など』社会評論社、二〇二二年、第1章。

(20) 石川明人、前掲書、四〇頁。

(21) ロシア・ソ連研究者のファイジズは、クリミア戦争中のフローレンス・ナイチンゲールについて、以下のように記している。「キリスト教の信仰に燃える二十五歳のフローレンスは、家族の反対を押し切って貧民街での慈善事業に乗り出し、次いで、ドイツに渡って、デュッセルドルフ郊外のカイザースヴェルト・アム・ラインにあったルーテル派教団の看護婦養成学校に入学する。」「当時の英国にはトルコ派遣の要請に応えて有資格の看護婦を供給し得るような職業団体は存在しなかったので……(中略)……自力で看護婦団を組織しなければならなかった。参加する看護婦を選別するにあたって、彼女は冷徹な機能重視の原則を適用した。ナイチンゲールが優先したのは下層階級出身の年若い女性たちだった。現地の厳しい環境に耐え、本気で困難な仕事に立ち向かうことのできる女性が必要だったからである。」オーランド・ファイジズ、染谷徹訳『クリミア戦争(下)』白水社、二〇一五年、四七―四八頁。

(22) 古代ウクライナ史に関しては、以下の拙稿を参照。「ルッソフィル(ロシア原初主義)とスラヴォフィル(スラヴ愛国主義)」、石塚正英『歴史知の百学連環――文明を支える原初性』社会評論社、二〇二二年、第12章第5節。

(いしづか まさひで・東京電機大学名誉教授)

忘れられた哲学者たち
――新たな理性への要求との関連で――

中河　豊

1　レッシングと忘れられた哲学者たち

ゴットホルト・エフライム・レッシング（一七二九―一七八一年）は、今では忘れらた哲学者の名を直接・間接に記録した。直接的にはレッシングが出版した断片の著者へルマン・ザムエル・ライマルス（一六九四―一七六八年）、さらに断片の著者としてほのめかされたヨーハン・ローレンツ・シュミット（一七〇二―一七四九年）、間接的にはフリードリヒ・ハインリヒ・ヤコービ（一七四三―一八一九年）の『モーゼス・メンデルスゾーン氏への書簡におけるスピノザの教説について』（以下『スピノザ書簡』）、初版一七八五年、第二版一七八九年）に影響をとどめるヨーハン・ゲオルク・ヴァハター（一六七三―一七五七年）である。

レッシングはライマルスの未刊著作『アポロギーあるいは理性的な神崇拝者』（以下『アポロギー』）の断片を「無名氏」の作として公刊し、神学者との「断片論争」を引き起こした。さらに断片の著者としてシュミットの名前を示唆した。

ヤコービの『スピノザ書簡』にはレッシングとヤコービによるスピノザについての対話がある。この対話の前提はヴァハターのスピノザ解釈・批判である。

この三人は、ライプニッツ以来の合理主義を基礎とする自然宗教の立場にたつ。ヴァハターとシュミットは合理主義からスピノザを批判した。シュミットとライマルスは理性の立場から聖書あるいは啓示について検証し、理性と啓示との間の断絶を示した。レッシングはこうした営みを踏まえ、啓示と理性との関係を考察し、また万物を結合する新たな理性のあり方を思索する。

2　ヨーハン・ローレンツ・シュミット

2・1　シュミットによる翻訳・出版の試み

ヨーハン・ローレンツ・シュミットは、ヴォルフ哲学の立場から『旧約聖書』を自由にドイツ語に翻訳・出版し、合理的な解釈をコメントとして付した。いわゆる『ヴェールトハイム聖書』(ヴェールトハイム、一七三五年)である。さらに、彼はスピノザの『エチカ』を独訳し、クリスティアン・ヴォルフ(一六七九―一七五四年)によるスピノザ批判を付して一七四五年に出版した(1)。

この二つの出版の試みでは、シュミットはライプニッツ＝ヴォルフ的な合理主義の立場に立っている。

2・2　聖書の真理性の検証

シュミットは、『旧約聖書』(いわゆるモーゼの五書)を合理的に解釈し、預言を否定したとして逮捕された(2)。シュミットは、さしあたりは「至高の存在」(3)による啓示として『旧約聖書』を認める。しかし、シュミットは学問の発展を自覚したうえで、聖書の真理性を検証する。

ここで、命題の正しさが真理性の重要な指標となる(4)。命題は判断を含み、判断は「諸概念の結合あるいは分離」からなる。ところで、命題や概念はある条件の下で事物に帰せられる。たとえば因果関係がこの条件である。結果と原因は恒常的関係の中にある。さらに、実体＝「自立的存在(das selbständige Wesen)」――シュミットは『エチカ』独訳においても実体をこの言葉で表現する――では、全ては実体の本性から証明される。

『旧約聖書』独訳の必要性は、この合理主義から生じる。諸命題を正しく規定し互いに結合するために、まず判明で正しい諸概念が必要となる。しかし、『旧約聖書』は「我々のヨーロッパ的言語からかなり離れた」言語(5)で書かれており、これにふさわしくない。ここに「新しい翻訳」が必要となる。この翻訳が「全てを最も正確に研究し、関連全体から諸概念を規定する」(6)機会を与える。

2・3　『エチカ』独訳とヴォルフによるスピノザ批判

シュミットはスピノザの『エチカ』も独訳・出版した。この書の公刊に際して、シュミットは細心の配慮をした。第一に、スピノザを著者として明記せず、単にB. d. Sとのみ表記した。また、訳者シュミット自身の名前も記さなかった。

第二に、この書の表紙には「倫理学、我々の時代の著名な哲学者、クリスティアン・ヴォルフ氏により反駁された」と記し、スピノザ論駁という体裁を取った。シュミットはヴォルフの『自然神学』にあるスピノザ論駁の箇所を独訳し『エチカ』独訳に付加した。

シュミットはヴォルフ的な合理主義からスピノザ哲学の不合理を指摘する。シュッミットによる序文は「些細な論駁者たち（spitfündige Wiedersprecher）」(7)が「根底性というわべ」のもとで不合理な命題を主張するとし、「最も恐るべき」人物としてスピノザを挙げる。

そして、シュミットはヴォルフをスピノザ批判者として紹介する。「我々のドイツの偉大な哲学者」ヴォルフは「素晴らしい根本的な反論」を行った(8)。このように、シュミットはヴォルフのスピノザ批判を付して自らの独訳『エチカ』を出版した。このかぎりでは、この独訳出版はライプニッツ＝ヴォルフ的合理主義の側からのスピノザ批判である。

ヴォルフは「万物の必然性」および「混乱した盲目的宿命」を「スピノザとともに」主張したとして敵対者から攻撃されたけれども、ヴォルフはスピノザを徹底的に批判した(9)。シュミットはこれを真理の勝利とよぶ(10)。

『自然神学』からのシュミットによる抜粋では、ヴォルフはスピノザを「普遍的宿命論者」すなわち人間も含む万物の必然性を主張した哲学者として批判する。

スピノザは世界における全ての諸事物の不可避的な必然性を主張し、この必然性を人間の行動に関連づけ、人間の意志に自由を拒否した。……ゆえに、スピノザは宿命論者であり、しかも普遍的な宿命論者である。(11)

この宿命論批判の根底には、ライプニッツに通じる自由論と最善説がある。神は人間の心と世界を自由意志により（freywillig）創造した。神は、可能な諸世界の中から現在の世界を選択した(12)。神は人間とその心があるという経験的事実の充足理由であり、そうしたものとしてある(13)。神は単純な自立的存在であり、自身の存在の充足理由をもち、それ自身により存在する。

しかし、このヴォルフ擁護は独訳出版の一面である。シュミットは自己の比較的短い序文（四頁）のあとに、スピノザ『遺稿集』のイェレスによる長い序文をも独訳して付加している（独訳で五〇頁）。

イェレスによれば、スピノザの遺稿集は「覆されない諸根拠と疑いえない諸真理」(14)を求めている。スピノザ哲学理解に資するイェレス序文を独訳・出版したこと、ここにスピノザに対するシュミットの寛容な姿勢がうかがわれる。独訳『エチカ』はドイツの人々がこの哲学に接近することを可能にした。これはスピノザを権威主義的に排斥する傾向への大胆な抵抗と解される。
イェレス序文は次の言葉で結ばれる。

これらの書の公表に際し、人間が啓発され真理の認識がますます広がること、これだけが意図としてあった。(15)

3 ヘルマン・ザムエル・ライマルス（一六九四―一七六八年）

ライマルスは理性宗教の哲学者であり、生涯にわたってひそかに『聖書』あるいは啓示の批判を執筆しつづけた。レッシングはこの書をライマルスの家族より入手し公刊した。いわゆる『無名氏断片』である。

3・1 ライマルスの理性宗教

ライマルス（一六九四―一七六八年）は、ライプニッツ・ヴォルフ的な立場の合理主義者である。彼は理性の使用を哲学の方法とし、宗教に関しても自然宗教＝理性的宗教の立場に立った。『自然宗教のもっとも高貴な真理』（一七五四年）、『理性の正しい使用の手引きとしての理性論』（一七五六年）、『動物の衝動についての一般的考察』（一七六〇年）、これら全ては啓示すなわち『聖書』に頼ることなく、理性によって神の認識をえようとする。
ライマルスの自然宗教の基礎は、理性の使用による神認識である。ライマルスによれば、神の理性的認識が信仰の前提となる。すなわち、神の認識が啓示に先行する。彼の言葉で言えば、「健全な理性の才能」、「創造者の認識」を用いて、これを「信仰の教え」と結びつける。あるいは、「一つの神があること」を前もって確信しなければ、根拠を伴って「啓示が神に由来する」とは信仰できない。この合理的な神認識は実践的態度と関連する。神の「完全性、摂理、意図」の認識がなければ、神を愛し尊敬し命令に服従することはできない(16)。
ライマルスによる神の存在証明を見よう。これは世界の始原から論じられる。

始原を持つものが現実的にあるなら、自立的必然的永遠の存在から本源的に発生したにちがいない。(17)

事物の始原＝始まりという概念は、事物がそれ自身の存在の「作用因」ではないこと、これとは別にこの存在の充足理由、神があることを示す。

全物体界と全自然は最初の自立的必然的永遠的存在で

はあり得ず、生きたものと同じく、真に最初の自立的な他の存在から発生したにちがいない。[18]

諸事物の外部に充足理由としての神があるとすれば、万物を包含し産出するスピノザの神は論理的に退けられる。ライマルスによれば、スピノザに限らず汎神論は「盲目的運命あるいは全くの偶然」[19]に依拠する。運命あるいは偶然に共通なのは、この世界における神の善性の現れおよび意図の否定である。

スピノザは「言葉の恣意的な意義」を与え「恣意的な概念」をつくった[20]しかし、これは経験および世界の現実に反する。たとえば『エチカ』第一部定義Ⅲは、「実体はそれ自身においてあり、それ自身によって理解されるものである。すなわち、その概念は、それがそこから把握されるべき別のものの概念を必要としない。」とある。

ライマルスによれば、「それ自身においてある」ことと「それ自身によって概念される」ことは異なる[21]。スピノザは定義においてすでに恣意的であり、現実とは異なる世界をねつ造した。ここで付言すれば、ライマルスはスピノザの生き方を尊敬に値するとみなす。ただし、この生き方の基礎はスピノザの「無神論の体系」すなわち哲学ではなく「気性、教育、習慣」である[22]。

次に、端的な必然性の否定と目的原因、神の意図の導入の問題性である。

ライマルスは、スピノザの自己産出的な「宿命的で無条件の必然性」[23]を退け、ライプニッツにならって目的原因を導入する。世界の中に目的原因さらには神の意図を読み取ること、これがライマルスの自然宗教の基礎である。

ライプニッツによれば、経験的に確証できる運動諸法則は「必然性の原理」から生じたのではなく「神の選択と知恵の結果」である[24]。ライマルスは自然の美しい諸規則が「知的かつ自由な存在」を証明するという。これは世界の中に目的原因と神の意図を読み取ることである。そして、目的は「命あるものの幸福」にある。

第三に、こうした目的原因の導入は「名匠」としての神概念に導く。これは「世界の外部にあり、世界を生きたもののために産出した」[25]。

第四に、神の認識は、神の善性の認識へと導く。神には「あらゆる可能な生命あるものの快と幸福」[26]を目的とする善性（Güte）がある。

世界の中に存在し生起する全ては、創造者の意図にしたがって生命あるものの幸福のために（zum Wohl der Lebendigen）存在し生起する。[27]

第五に、ライマルスは悪の存在を許容し神の正義を主張し、ライプニッツ的な弁神論を展開する。彼によれば、有限なものの世界は悪が存在する。しかし、これらは「最高の知恵と善性の諸規則」(28)によって創造された。

悪、不幸の存在は一種の決定論により許容される。悪や不幸はさまざまな事物の結合の中に存在する。しかしこの結合は神の意図を実現する。悪は自然のなかで善の手段となり、不完全性はより大きな完全性に向かう。

第六に、ライマルスによれば、心の不死性が人間の幸福の条件となる。身体の死の後でも心は持続し幸福になる。この議論に基礎を与えるのは「単純な実体」――ライプニッツの用語で言えばモナド――の概念である。心は「単純な実体」(29)であり、複合された物体とはことなり、自然的な仕方で消失しない。

宗教は幸福に関して意味ある役割を果たす。ライマルスの理性宗教は、感覚的快を否定せず、むしろこれを高尚にする。また、それは「芸術、学問、知性の訓練、機知」を尊重し、「職業と身分」への喜びを与える(30)。そして、『アポロギー』にあるイエスの実践的宗教との関連では、愛と心の不死性の確信に注目すべきである。

人間は愛のために生まれた。心から他の人々を愛するものはこの他者からの愛をえる。(31)

さらに、宗教だけが「不死性の確信」(32)を通じて我々の生活に慰めと幸福をあたえる。愛と心の不死性の確信、これはイエスの実践的宗教の中にも見いだされる。

3・2 ヴォルフの自然神学との差異

ライマルスの理性宗教は、ヴォルフと同様にライプニッツ的な合理主義を基礎とする。しかし、理性と啓示との関係についてはライマルスはライプニッツ及びヴォルフと決定的に相違する。ライプニッツは『弁神論』で信仰と理性を調和させようと試みた。ヴォルフも理性と啓示、自然神学と啓示神学との合致を主張する。ヴォルフの『自然神学』によれば、自然神学は「理性の光あるいは自然の光から神について認識されるもの」を、啓示神学は「啓示の光によって神について我々に知られるもの」を含む(33)。

自然神学は「聖書の神的性格」を証明するのに役立ち、自然神学は啓示神学へと我々を導く(34)。

ヴォルフは自然神学的な立場と啓示との一致を繰り返し指摘する。自然神学的説明、たとえば「可視的世界の現実の充足理由を含む自立的存在」という神の説明は、聖書の内容に合致する[35]。聖書にある「最初に神は天と地を創造した」との啓示は、世界の現実性の根拠が世界自身ではない[36]と合理的に解釈される。聖書と自然神学とは矛盾しない。

しかし、ライマルスとヴォルフの相違は、啓示宗教の扱い方に明確に現れる。ライマルスは聖書あるは啓示を理性の立場から批判する。『アポロギー』は『旧約聖書』および『新約聖書』を徹底的に批判的に検討し、その神的性格を否定する。

3・3　『アポロギー』とイエスの実践的宗教

『アポロギーあるいは理性的な神崇拝者』は、公刊しないことを前提に長期にわたって執筆された。

本書は隠されたままにあり、知性ある友人だけが使うのが良い。時代がいっそう啓蒙されるまでは、それを印刷して共通のものにしてはならない、これが私の意志である。[37]

執筆の意図は「理性的な神崇拝および人類愛と徳の実行」にあり、これは理性宗教＝自然宗教を基礎とする。自然とその中で示される多様性、完全性、美にある「無限な知恵、善性と力」[38]から「不可視の名匠」の認識に到達すべきであり、このために理性を正しく使用しなければならない。

ライマルスは、不徹底に終わったシュミットの聖書批判の試みをのりこえる。シュミットは自らの独訳聖書に「注」を付し、ここで神学的意見を表明した。ライマルスによれば、シュミットは聖書ではなく「著者の注と概念」の上に神学を築こうとした[39]。しかし、ライマルスの『アポロギー』はシュミットによるこの端緒を徹底的に遂行する。

『アポロギー』は『旧約聖書』と『新約聖書』の批判的検討を行う大部の書である。ここでは、イエスの実践的宗教に注目する。

私は、キリスト教徒の中でほとんど全く抑圧されている理性を援助し、光をともし、迫害精神をおさえ、イエスの真の単純で活動的な宗教と徳、経験、そして普遍的な人間愛をふたたび生かすであろう。[40]

ライマルスは「全人類の教師」としてのイエスの説いた「普遍的宗教」を理性的なものとして肯定する。これは「罪の赦しおよび神と隣人への正直な愛」[41]を内容とし、場所と時間を問わずあらゆる人間に意味を有する。

この教えは「実践的宗教」である。ここで「心の不死性」と「永遠の生における報償」が「最高に実践的な真理」[42]となる。つまり、死後における幸福が約束されなければ宗教はその力を失う。

この「実践的宗教」は、「心のすべて、心情のすべてをあげて、主である汝の神を愛せよ、隣人を汝自身として愛せよ」という神と隣人に関する二つの命令にまとめられる。これが「全ての人間の宗教の核心」[43]である。さらに、自分がしてほしくないことを他者にしてはならない、自分が人にしてほしいことを他者になすべきである、これらの規則が加わる。

ライマルスは、敵を愛せよとのイエスの言葉が「偉大であり高貴であり神的である」[44]と述べる。ここには「普遍的な人間愛」がある。そして、「敵への愛」から「和解(Versöhnlichkeit)」[45]が生じる。

このイエスの実践的宗教は極めて理性的である。それは「健全な理性が案出し人間の目的とされる最高の完全性」[46]をふくむ。イエスの教えは「実践的であるかぎりで、普遍的な理性的宗教」[47]であった。

こうして、「全人類の教師」であるイエスの実践的宗教は、隣人愛、普遍的人間愛、人間相互の和解を内容とする。

3・4　イエスによる世俗的現世的国家樹立の試みと挫折

イエスの救済事業、「天の国」樹立についてのライマルスの見解を見よう。イエスの述べた「天の国」は世俗国家、「神政政治」である。ところが、弟子はイエスの処刑により世俗的な救済の希望を失い、イエスを「受難する宗教的な救済者」にした。宗教的救済にする資料は、使徒たちによってイエスの生涯の物語に付加された[48]。

異教徒による支配という歴史的経験のあるユダヤ人たちは、「世俗的な救済、異教徒からなされる拘束からの解放」[49]を待望していた。イエスの意図は、メシアへのユダヤ人の待望に応える形で、世俗的な国家を樹立することにあった。

ところが、イエスはこれを実現することなく、支配者ローマ人により処刑される。使徒たちはイエスの死により希望を失い、イエスの言葉に多くの挿入と除去、変造を加え、「受難する救済者の体系」[50]をつくった。これによれば、イエスは『旧約聖書』の文書にしたがって死後三日目に復活し、姿を現し、昇天し、再臨する。

こうして、イエスの死後、彼を神とする新たな教えがつくられた。これはイエスの実践的宗教とはまったく異なる。

3・5　三位一体論批判

合理主義者ライマルスは『聖書』の言語使用を検討し、キリスト教の秘密を批判する。三位一体、さらに神の子としてのイエス、この二つがキリスト教の主要な秘密である。ところが、これはイエス自身の言葉には見いだされない(51)。

三位一体という教説は『聖書』にある「神の子」の言葉に依拠する。ところが、言葉の使用法を検討すると、これは「神が愛し守り保護する人間」(52)、「神に選ばれたもの」(53)を意味する。「イエスは単なる人間として語っている」(54)のであり、イエス自身の言葉においても、「本当の神の子」(55)については語られていない。

次に、「聖霊」は預言と外国語に関する特別の能力を意味する。これには父から区別される「特殊な神的ペルソナ」(56)という意味はない。

「マタイ福音書」の最後の箇所に「父と子と聖霊の名」を用いて洗礼するようにとある。これは、父と子と聖霊を別のペルソナとする三位一体論の教義の根拠とされた。しかし、ライマルスによれば、「真なる神」は「父」だけである。子であるイエス・キリストは、人間が神の国に参加するための「仲介人（Mittels-Person）」でしかない(57)。また、聖霊とは預言し外国語を理解する特別の能力であり、聖霊の名前による洗礼の意味は、洗礼されるものへこの能力を与えることである。ここには「秘密」はない。

3・6　復活論批判

ライマルスによれば、ピラトがイエスの墓に立てた兵士の発言がイエス復活の根拠になっている。しかし、これはマタイだけが伝えており、他の福音史家は何も語っていない。

マタイによれば、祭司長たちとファリサイ人たちがピラトを訪れ、イエスの墓を兵士で監視すべく依頼する。弟子たちが夜中にイエスの死体を盗み出してイエスが復活したと言いふらすこと、これを彼らは恐れた。ところが、ピラトの命により墓番をした兵士たちは、天使が墓に下りイエスの復活を告げることを目撃したという。

ライマルスによれば、この番兵の話はマタイ以外の全ての福音史家と使徒の物語、書簡、弁明、説教、さらにユダヤ人に対する教父の論争の書において書かれていない(58)。

イエスの墓の周りの衛兵についてのマタイの物語の全ては誤りであり、ねつ造されたにちがいない。(59)

マタイが伝えるユダヤ人の間に広まった話によれば、弟子たちはイエスの死体を盗みイエスが復活したと述べていた。ライマルスはこれが事実であると判断する。弟子たちはイエスの墓に近づけたのであり、「ヨハネ福音書」には「彼らが私の主を持ち去った」(60)とのマグダラのマリアの言葉がある。

ライマルスによれば、イエスは「死すべきものの一人」、すなわち一人の人間としてあった。

3・7 イエス再臨論の批判

イエスの死後に使徒たちがつくった新たな信仰体系は、復活と再臨を基礎にしている。マタイのイエスは世界の終末と再臨について語る。ライマルスによれば、世界の終末という「ユダヤ的な語り方」は、メシアの国が成立する以前の時代の終わり、当時のユダヤ人国家の終わりのことである(61)。ここで、問題はイエスが再臨する時期である。弟子たちの中に生きて再臨を見る者がいるとイエスは語る。すなわち再臨は近い。ライマルスによれば、当時生きている世代にイエスは再臨するはずであった。

ところが、イエスの死後に再臨はなかった。そのために、使徒たちは「先延ばしの口実」を案出した。たとえば、ペトロは主の下における一日は人間の下における千年であるという(62)。

ライマルスによれば、イエスは死後に再臨をせず、再臨すべき時は過ぎ去った。「預言は永遠に満たされないままである。」(63)

使徒たちが世界に抱かせた再臨の希望も、彼が来ないことによって空虚とされた。全信仰が空虚である。(64)

4 レッシングによる「断片」公刊

4・1

レッシングはハンブルク時代(一七六七―一七七〇年)に『アポロギー』の原稿をライマルスの家族(娘と息子)から入手した。この原稿は、最終の清書稿ではなく一七五〇年頃のものと推定されている(65)。彼はベルリンで全体を出版しようと試み、検閲によって断念する。その後、『アポロギー』の一部を自分が編集する雑誌『歴史と文学のために』で断片として公刊する。

『アポロギー』は「時代がより啓蒙されるまで」印刷にされるべきではない、これがライマルスの意志であった(66)。これは時代が『アポロギー』を理解できるまでには成熟していないとの判断であり、大衆の反理性的反応を考慮してのことである。ところが、レッシングはライマルスの「意志」に反して『アポロギー』から合計七つの断片を3回にわたって公にした。

『アポロギー』からの断片の選択には、イエスの実践的宗教へのレッシングの関心が映し出されている。

最初に公刊した断片「理神論者を許容することについて」は一七七四年秋、『歴史と文学のために』第Ⅲ巻で公刊された。

レッシングによれば、断片は啓示宗教を取り扱い、特に聖書の物語を検証する「一つの目的」を有する(67)。著者は「非常な率直さ」と「非常な真剣さ」で執筆し、「書き方と志操において真のドイツ人」である。断片は「およそ三〇年前に」書かれ「ヘブライ語の特別な知識」を示し「ヴォルフ的な諸原則から哲学する」(68)。この前置きのあとレッシングは「ヴェールトハイム聖書」の翻訳者シュミットの名を挙げる。真の執筆者ライマルスはこうして隠された。

この断片はレッシングによれば「自然宗教一般の卓越性と十分性」を論じる。たしかに、この断片はイエスの「理性的実践的宗教」(69)、そして「普遍的な人間愛の教師であるキリスト」(70)という『アポロギー』の核心を提示する。

この後、一七七七年一月、『歴史と文学のために』第Ⅳ巻はさらにライマルスの五つの断片を「啓示に関する無名氏のさらなる原稿」として掲載した。

これらの断片は以下のように題されている。

1.「説教壇で理性を非難することについて」
2.「すべての人間が根拠ある仕方で信仰できる啓示の不可能性について」
3.「イスラエル人たちが紅海を通過すること」
4.「『旧約聖書』の諸書は宗教を啓示するために書かれたのではない」
5.「復活の物語について」

最初に公にされた断片はすでにイエスの実践的宗教を明らかにした。これを前提に、ここではまず盲目的信仰への批判（断片1）、次に普遍的な啓示の不可能性（断片2）、『旧約聖書』の神的性格の否定（断片3および4）、『新約聖書』にあるイエス復活の物語の否定（断片5）がある。このように、断片はキリスト教および『旧約・新約聖書』の権威を奪うものであった。

レッシングはこれら断片に対する自分の立場を「発行者の異論」（以下「異論」）として掲載した。これに関して以下三点を指摘する。

第一に、断片の聖書批判について、レッシングは「文字」と「精神」の区別をおこない、断片が宗教を否定しないと指摘する。

簡単に言えば、文字は精神ではない。そして、聖書は宗教ではない。したがって、文字と聖書に対する異議は精神と宗教に対する異議ではない。(71)

レッシングが公にした最後の断片「イエスの目的について」によれば、イエスの意図は世俗的な国家の樹立、異民族支配からのユダヤ人の解放にあった。ところが、イエスの磔刑でこの意図が挫折し、使徒たちはイエスを宗教的救済者とする新たな宗教体系を作った。すなわち、世俗的救済というイエスの意図は宗教的救済へと変造された。

このライマルス的な区別はレッシングの『キリストの宗教』(一七八〇年)に反映している。これは「キリストの宗教とキリスト教は二つの全く異なる事柄である」とする。前者はキリストが「人間として」認識し実践した宗教であり、後者は「キリストが人間以上であり、そうしたものとして彼を崇拝の対象とする」宗教である(72)。

この区別をみとめれば、「キリスト教」批判はレッシングにとっても宗教の否定にはならない。

第二に、『聖書』あるいは啓示の解釈である。第4の断片「『旧約聖書』の諸書は宗教を啓示するために書かれたのではない」について、レッシングは「『旧約聖書』は心の不死性、この生のあとの賞罰について知らない」(73)ことを断片の主張とし、「異論」でこれに同意する。

レッシングは断片4への異論の後に53節までの『人類の教育』を付け加えた。ここでも、ライマルスにならい、「心の不死性」と「将来の生における賞罰の教え」が『旧約聖書』にはないとする。

そして、最後の53節は「より良い教育者」キリストの到来を述べる。一七八〇年発行の『人類の教育』(完成稿)は、ライマルスの「普遍的な人間愛の教師であるキリスト」に対応するかのように、キリストを「心の不死性の最初の信頼ある実践的教師」(74)と書く。

こうして『アポロギー』に対応して、心の不死性および来生における賞罰という観念の有無が『旧約聖書』と『新約聖書』の時代を区別する。

第三に、理性と信仰の関係である。見たように、ライマルスはライプニッツ＝ヴォルフ的な理性と信仰の一致の立場を捨て、啓示を必要としない理性宗教＝自然宗教の立場に立った。断片「説教壇で理性を非難することについて」は「理性宗教なき盲目的信仰」が批判対象となる。この合理主義に対してレッシングは真理は理性と信仰という「両極」の間にあるという。レッシングは理性が「啓示の現実性」を「確信する」ことを認める。このときに理性は信仰に服従する。これは「理性の限界の告白」(75)である。

『人類の歴史』では啓示と理性との相補的な関係が示される。最初は啓示が理性を導き、そして理性は啓示を照らし出す。この後にキリストが登場する。そして、啓示された真理は理性の真理へと形成され、「善であるがゆえに善を行う」(76)新たな時代がくる。賞罰を善への動機としない新たな理性の時代である。

こうして、理性的真理が啓示に先行すべきとのライマルスに対し、レッシングは啓示が歴史的に理性に先行すること、さらに啓示と理性との肯定的関係があることを認める。ここには従来の合理主義とは異なる新たな理性への要求がある(77)。

4・2 断片論争からスピノザ論争へ

ライマルス自身が正しく予測したように、『アポロギー』断片の公刊は非常に広範な反応を引き起こす。最初に合理主義神学の立場に立つシューマンが「キリスト教の真理性の証明の明証性について」を一七七七年に出版し、これが論争の発火点となる。そして、これはハンブルクのルター主義正統派神学者ゲーツェとの論争に発展する。この論争の中、一七七八年五月、断片5「復活の物語について」がその一部であったより大きな断片「イエスとその弟子たちの目的について」をレッシングは公にした。ブラウンシュヴァイク侯は一七七八年八月四日および八月一七日付け文書で検閲免除を乱用したとレッシングに指摘し、断片の没収を通告し、宗教に関わる文書の無検閲出版を禁止した。ところが、レッシングは宗教的検閲を迂回し一七八九年に戯曲『賢者ナータン』を、一七八〇年の春に『人類の教育』全体を出版する。

ヤコービは『ナータン』に二度目を通し（一七七九年八月二〇日レッシング宛て書簡）、「仕上げられた人類の教育」をも読んだ（一七八〇年六月一日付レッシング宛て書簡）。こうした前提の上でヤコービのヴォルフェンビュッテル滞在（一七八〇年の七月五日から七月一〇日）が実現する。

この訪問の日々、ヤコービはスピノザ哲学を認めるような見解をレッシングからひきだし、ライマルスの娘エリーゼに伝えた。さらに、彼女はこれをモーゼス・メンデルスゾーン（一七二九―一七八六年）に知らせる。こうしてレッシングのスピノザ主義をめぐるメンデルスゾーンとヤコービの論争が発生する。その結果、一七八五年、ヤコービは『スピノザ書簡』を出版する。

5 『スピノザ書簡』とヴァハターのスピノザ解釈・批判

『スピノザ書簡』におけるヤコービとレッシングの対話では、たとえば「エンソーフ」という概念、また「無からは何も生成しない」という原理が登場する。これらはヨーハン・ゲオルク・ヴァハター（一六七三―一七五七年）のカバラ的なスピノザ解釈の中で用いられる(78)。レッシングの「一にして全」についても、「全にして一」という類似の用語がヴァハターにある。

5・1

ヴァハターは『ユダヤ教におけるスピノザ主義、神にされた世界』（以下『ユダヤ教におけるスピノザ主義』、一六九九年）を執筆し、スピノザ哲学をユダヤのカバラ思想の中に位置づけた。

ゴットフリート・ヴィルヘルム・ライプニッツ（一六四六―一七一六年）は、ヴァハターの書について次のように書く。

あるアウグスティヌス派の人間はズルツバッハのクノルのもとで長く生活していたが、ユダヤ人となりモーゼス・ゲルマヌスと名のった。著者〔ヴァハター：中河〕はアムステルダムでこの人物に会い、彼への反論として『神にされた世界』という書物を書いた。彼はスピノザとモーゼスを攻撃し、さらにヘブライ人のカバラが神と世界を混同するとして非難した。(79)

『ユダヤ教におけるスピノザ主義』は、著者ヴァハターとユダヤ教徒モーゼス・ゲルマヌス（?―一七〇一年）との宗教的論争から生まれた。ヴァハターはゲルマヌスのユダヤ教がスピノザ主義であると指摘する。スピノザはユダヤ教のカバラの系統に属し、神と世界を混同する。

ヴァハターの立場は理性と自然宗教である。彼によれば、キリスト教徒は「理性の光り」から「一つの神、永遠で偉大で賢明で神聖な存在」を見た。この神は「世界の外の精神（ein außerweltlicher Geist）」であり、「目に見えるこの世界から区別されるもの」である(80)。

ヴァハターの見解では、ユダヤ教の基本的教説は「すべての存在は神である」(81)にある。ユダヤ教は世界を神とみなす。ユダヤ教の神は「自然と被造物の中にある現在的で可視的なもの」であり、他方、キリスト教の神は「自然と被造物の外部にある神的な隠されたもの」である(82)。

ヴァハターによれば、ユダヤ教の神概念は「純粋なスピノザ主義」(83)である。神の外にはどんな実体もありえず、また考えられないとの『エチカ』の命題が『エチカ』とカバラとの一致を示す(84)。しかし、『エチカ』の実体概念は「大胆でありまだ証明されていない要請」(85)にすぎない。スピノザのいう自由は「宿命論的必然性」(86)である。スピノザの体系は神が全てであるけれども、世界外の神の欠如のゆえに無神論になる。それは「神忘却がその中で勝利する体系」(87)である。

ところで、ユダヤ主義あるいはスピノザ主義を反駁するために、ヴァハターは「無からは何も生成しない(Ex nihilo nihil fit.)」(88)という万人に共通な生得原理を用い、神が世界の外にあることを示す。

ヴァハターは「無の対立物」という概念を作り、これを神とする。「神は無の対立物である。」(89)この神は、それ自体として「必然的存在」(90)などの属性をもつ。神は「生きた自己意識」(91)であり、強力な力と自由意志と知恵をもつ。神は知恵のある第一動因として「美しく調和的な世界」(92)を創造する。

ここで神は世界ではなく世界の外にある。

世界は神の外のもの(was Außer-Göttliches)であり、神は世界の外のもの(was Außerweltliches)である。(93)

5・2 『スピノザ書簡』とヴァハターのスピノザ解釈

レッシングはヤコービとの対話の中で「スピノザ主義の精神」を問い、ヤコービは「無からは何も生成しない」(94)の原理をあげる。彼はスピノザが「哲学的カバラ主義者たち」のように抽象的な諸概念によってこれを考察したという。

「無からは何も生成しない」はヴァハターが世界外の神を導出した原理である。ヤコービがこれをスピノザ主義の精神とするかぎり、ここにはヴァハターとの相違がある。しかし、ヴァハターはこの原理によるカバラ的な神の証明をも述べている。それによれば、「物質」は創造されないので自然の中に物質は存在しない、したがって自然の中には精神＝神がある(95)。

さらに、ヤコービは「世界の内在的で自己の中で永遠に不変な原因」として「内在的なエンソーフ」(96)、「内的で最初の普遍的な原初的質料」を挙げる(97)。

ユダヤのカバラはキリスト教徒のいう神をエンソーフ(あるいはアインソーフ)と呼ぶ(98)。これは単純な原初的存在である。世界の生成は、図式的にいえば、まず原初的存在、エンソーフがあり、これが収縮して空間が生じ、この中に世界が生成し、このプロセスの最後に世界はエンソーフに吸収される[99]。エンソーフは被造物をそれ自身から流出させるのであり、「全ての存在の原因」[100]である。

レッシングは、エンソーフの拡張と収縮を知っていた。レッシングによれば、「心の中ではスピノザ主義者であった」ライプニッツはある箇所で「神が恒常的な拡張と収縮の中にある」[101]と書いた。また、レッシングは「半ば微笑みながら」、「自分が最高の存在かも知れず、今は極端な収縮の状態にある」[102]との冗談をのべた。

レッシングはヤコービの神を「人格的な世界外の神性」[103]と呼ぶ。他方、ヤコービはこの神概念の不在のゆえにレッシングをスピノザ主義者とする。

> レッシングは世界とは異なる事物の原因を信じない、あるいはレッシングはスピノザ主義者である。[104]

レッシングは「神性の正統的な諸概念はもはや私にはない」として「一にして全。私はこれ以外のものは知らない」[105]とヤコービに語る。「一にして全」はカバラの「全にして一」の言葉に類似する。カバラによれば「神は全にして一であり、事物の始原であり、手段であり、結果である」[106]。全は「唯一のもの」[107]であり、神は「全における全」[108]である。万物は一であり、全ては結合する。人間の心は「無限なものとの合一と結合」[109]へと進み、完全な安らぎと休息に到達する。

レッシングの「一にして全」はこの合一思想との親近性を示唆する[110]。

6　あらたな理性への要求

シュミット、ライマルス、ヴァハターはライプニッツ以来の合理主義者であり、また自然宗教の立場に立った。ただ、ライマルスはライプニッツ及びヴォルフとは異なり、理性と啓示との深い亀裂を認識した。ライマルスの思索との対決において、レッシングは啓示（証言と経験）と肯定的関係にある理性のあり方を求めた。また、ヤコービとの対話において万物の結合・合一についての思想を示した。ここにはあらたな理性への要求がある。

新たな福音へのレッシングの期待に応じるかのように、ドイツでは新しい哲学的立場が登場する。『純粋理性批判』（初版一七八一年、第二版一七八七年）を初めとするカントの著作が出版され、一七八五／八六年冬学期にイェーナ大学でカントに関する最初の講義が行われ[111]、カント哲学がドイツ本国で影響力を拡大する。

同時に、『スピノザ書簡』に刺激された思想潮流が形成される。たとえば、若きシェリングはスピノザ主義者を自称した。ヘーゲルがその記念帳に「一にして全」と記入したヘルダーリンは、『スピノザ書簡』(第二版)を自分なりにまとめ、これを思想的出発点として合一哲学を構想していく。

後記

本稿では忘れられた三人の哲学者をレッシングとの関わりで取り上げ、彼らの合理主義がレッシングの思考の背景にある点を明らかにした。

シュミットは文字通り「忘れ去られた」哲学者である。しかし、ライマルスは「忘れ去られた」とするには異論の余地がある。ドイツでは一九七二年の『アポロギー』出版を出発点としてライマルス研究が本格的に開始された(112)。他方、日本ではライマルスは『レッシングとドイツ啓蒙』(安酸敏眞、一九九八年)のようにレッシング研究で無名氏断片の著者として論じられ、あるいはシュヴァイツァーの『イエス伝研究史』(遠藤彰/森田雄三郎訳、二〇〇二年)を通じて知られてきた。しかし、ライマルス自身の著作に基づく研究はその独自の哲学思想のゆえに価値があり、一八世紀後半の哲学的コンテクストを再構成する上でも意味をもちうる。

最後にヴァハターの書は『スピノザ書簡』あるいはより一般的には一八世紀におけるスピノザ理解を明らかにする上で有益である。

注

(1) B. d. S, Sittenlehre , widegelegt von dem berühmten Weltweisen unserer Zeit Herrn Christian Wolf, Furankfurt und Leibnig 1744.
https://digital.bibliothek.uni-halle.de/hd/content/pageview/1850900

(2) Vgl. Paul S. Spalding, Saize the Book, Jail the Auther, Indiana 1998. シュミットは一七三七年三月にヴェルトハイムで神聖ローマ帝国皇帝の命令にもとづき逮捕された。しかし、これはカトリック派(皇帝)によるルター派(シュミット)への抑圧とうけとめられ、シュミットは支援者の手助けによりハンブルクまで逃亡することができた。彼はブラウンシュヴァイク・ヴォルフェンヒュッテル候により別名で雇用され、安住の地を得た。

(3) Die göttliche Schriften vor den Zeiten des Messie Jesus. Der erste Theil worinnen die Gesetze der Jisraelen enthalten sind nach einer freyen Ubersetzung, welche durch und durch mit Anmerkungen erläutert und bestätigt wird, Wertheim 1735, S. 3.
このシュミット訳聖書は以下のリンクで読むことができる。
https://www.digitale-sammlungen.de/de/view/bsb10223908?page=1

(4) Ib., S. 12f.　(5) Ib., S. 23.　(6) Ib..

(7) B. d. S, Sittenlehre , widegelegt von dem berühmten Weltweisen unserer Zeit Herrn Christian Wolf, Frankfurt und Leibnig 1744, S. 3.
https://digital.bibliothek.uni-halle.de/hd/content/pageview/1850900

(8) Ib., S. 4.

(9) ヴォルフの『自然神学(theologia naturalis)』(一七三七年)、ザーゲン(Gottlieb Friedrich Sagen)による独訳『自然神学

(Natürliche Gottesgelahrtheit)』の第一部は一七四二年，第二部は一七四五年の出版。スピノザ批判はこの第二部に含まれる。

　シュミットの『エチカ』独訳は一七四四年とある。この出版年が正確であれば、付随するヴォルフによるスピノザ批判（原文ラテン語）はシュミットによる独訳である。シュミットの用いたドイツ語訳は、ザーゲン訳とは異なる。

（10）B. d. S, Sittenlehre, S.5.
　ヴォルフは敬虔主義者たちから宿命論者として非難され、ハレ大学から追放された。Vgl. die Einleitung zu: Christian Wolff, Ausfürliche Nachricht von seinen eigenen Schriften, die er in deutscher Sprache herausgegeben, mit einer Einleitung von Hanswerner Arndt, Hildesheim.New York -1973.

（11）Ib., S. 110.　（12）Ib.,S. 112f.　（13）Ib., S. 37.

（14）B. d. S, Sittenlehre, S. 8.　（15）Ib., S. 56.

（16）Hermann Samuel Reimarus, Die vornehmsten Wahrheiten der natürlichen Religion, herausgegeben von Günter Gawlick, Hamburg 1985, S. 57.

（17）Ib., S. 72.　（18）Ib., S. 200.　（19）Ib., S. 205–206.

（20）Ib., S. 256.　（21）Ib..　（22）Ib., S. 802.

（23）Ib., S. 259.　（24）Ib., S. 270.　（25）Ib., S. 275.

（26）Ib., S. 286.　（27）Ib., S. 369.　（28）Ib., S. 701.

（29）Ib., S. 762.　（30）Ib., S. 831f.　（31）Ib., S. 832.

（32）Ib., S. 834.

（33）Christian Wolff Gesammelte Werke, 1. Abteilung, Bd. 23,4, Natürliche Gottesgelahrtheit, Bd. I.I., herausgegeben und bearbeitet von J. Ecole, H.W. Arnt, CH. A. Corr, J.E.Hofmann, M.Thomann, Hildesheim, Zurich・New York 1995, S. 3.

（34）Ib., S. 32.　（35）Ib., S. 69.　（36）Ib..

（37）APOLOGIE oder Schutzschrift für die vernunftigen Verehrer Gottes, Im Auftrag der Joachim-Jungius-Gesellschaft der Wissenschaften Hamburg, herausgegeben von Gerhard Alexander, Insel Verlag, Frankfurt am Main 1972, S. 41.

（38）Ib., S. 147.

（39）Herman Sammuel Reimarus, Kleine gelehrte Schriften, Vorstufen zur Apologie oder Schuzsschrift für die vernünftigen Verehrer Gottes, Gottingen 1994, S. 309.

（40）Reimarus, Apologie, S. 56.

（41）Ib., S. 26.　（42）Ib., S.29.　（43）Ib., S. 30/

（44）Vgl. ib., S. 35.　（45）Ib..　（46）Ib., S. 36.

（47）Ib., S. 97.　（48）Ib., S. 135.　（49）Ib..

（50）Ib.., S. 153.　（51）Vgl. ib., S.46.　（52）Ib., S. 53.

（53）Ib., S. 54.　（54）Ib., S. 56.　（55）Ib., S. 57.

（56）Ib., S. 76.　（57）Ib.., S. 93f.　（58）Ib., S. 187.

（59）Ib., S. 193.

（60）この言葉は「ヨハネ福音書」20章2にある。ここで「彼ら」と訳したが、ルターの独訳も「彼らが主を持ち去りました」と主語が「彼ら（sie）」「彼ら」になっている。日本語訳は「私の主が墓から取り去られました」（新共同訳）と受け身表現になっている。

（61）Ib., S. 282.　（62）Ib., S. 288.　（63）Ib., S. 296f.

（64）Ib., S. 297.

（65）Vgl. Hermann Samuel Reimarus, Apologie oder Schutzschrift für die verünftigen Verehrer Gottes, herausgegeben von Gerhard Alexander, 1, Insel Verlag, 1972, S.14.

（66）Ib., S. 41.

（67）Gotthold Ephraim Lessing, Werke und Briefe in zwolf Bänden, Bd. 8, herausgegeben von Arno Schilson, Frankfurt am Main 1989, S. 115.

（68）Ib., S. 115f.

著者がライマルスであることについては、息子J．A．H・ライマルスが一八一四年に自分の死の少し前に明らかにした。Vgl. Apologie, S.17.

（69）Ib., S. 116.　（70）Ib., S. 127.　（71）Ib., S. 312–313.

（72）Lessing, Bd. 10, S. 223.　（73）Lessing, Bd., 8, S. 328.

（74）Lessing, Bd. 10, S. 89.　（75）Lessing, Bd. 8, S. 318.

（76）Lessing, Bd. 10, S. 96.

（77）レッシングは神学を理性的に思考することへの疑問を呈していた（一七七四年二月二日付カール・レッシング宛て書簡）。Vgl. Hermann Timm, Gott und die Freiheit, Frankfurt am Main 1974, S. 47.

（78）ヴァハターと『スピノザ書簡』との関係については以下の書物より示唆を得た：Detlev Pätzold, Lessing und Spinoza, Zum Beginn des Pantheismusstreits in der deutschen Literatur des 18. Jahrhunderts, Aufklarung-Gesellschaft-Kritik, hrsg. v. Manfred Buhr und Wolfgang Förster, Berlin 1985.

（79）G. W. Leibniz, Elucidarius cabalisticus, Sive Reconditae Hebraeorum philosophiae Brevis & Succincta recensio, in: Réfutation inédite de Spinoza par Leibniz, précédé d'un mémoir par Foucher de Careil, Paris 1854, S.2–4.

（80）Johann Georg Wachter, Der Spinozismus im Judenthum, Mit einer Einleitung herausgegeben von Winfred Schröder, Stuttgart-Bad Cannstatt 1994, S. 78f.

（81）Ib., S. 59.　（82）Ib., S. 68.　（83）Ib., S. 70.

（84）しかし、ヴァハターによれば、スピノザとカバラには相違がある。カバラによれば、神はこの世界の外部にも存在する。カバラは「神における隠された基礎」を認める。このかぎりでカバラはスピノザ哲学とは異なる。

（85）Ib., S. 340.

（86）Ib., S. 341. ヴァハターはスピノザの思弁的立場に対抗するために意識の立場に立つ。「私」は自己の活動と行動を意識し、「私」がそれらの「第一動因（der erste Beweger）」も意識する（342–343）。「私」は「選択（eine Erwehlung）」（343）し、目標を自身に課してこれを実現すべく行為する。このように、ヴァハターはスピノザ的思弁に対する対抗的立場として意識を選択する。

（87）Ib., S. 326.　（88）Ib., S. 194.　（89）Ib., S. 245.

（90）Ib., S 198.　（91）Ib., S. 211.　（92）Ib., S. 223.

（93）Ib., S. 256.

（94）Friedrich Heinrich Jacobi, Gesamtausgabe herausgegeben von Klaus Hammacher und Walter Jaeschke, Bd. 1. 1, Hamburg 1998, S. 18.

（95）Wachter, S. 167.

（96）Jacobi, S. 18.

ヤコービは「流出するエンソーフの代わりにただ内在的なエンソーフ」と書いており、ヴァハターのいう流出のあるエンソーフとは異なるように読める。この点の検証は後の課題である。

（97）Ib., S. 19.　（98）Vgl. Wachter, S. 248.

（99）Ib., S. 85.

カバラは世界を神にするにしても、世界の外にもエンソーフがあるとする（Vgl.ib., S. 143.）。この点はスピノザとの相違である。

（100）Ib., S. 145.　（101）Jacobi, S. 23.

（102）Ib., S. 31.

これに関し、ヤコービはカバラの識者ヘンリー・モアとヘルモントの名を挙げる。

（103）Ib., S.23.　（104）Ib., S. 41.　（105）Ib., S. 16.

（106）Ib., S. 70　（107）Ib., S. 158.　（108）Ib., S. 189.

(109) Ib., S. 305.
(110) 万物の合一と結合に関するカバラの思想は、ヴァハターの書を通じてスピノザ解釈に用いられるようになった。Vgl. Jacobi, Bd. 1, 2, S. 392.
(111) Vgl. Norberet Hinske, Erhard Lange, Horst Schropfer: Der Aufbruch in den Kantianismus, Stuttgart-Bad Cannstatt 1995, S. XV.
(112) Vgl. Klein, Dietrich.Hermann Samuel Reimarus (1694–1768). Das theologische Werk. Tübingen 2009.

(なかがわ　ゆたか)

ウィトゲンシュタインはヘーゲルを読んだ！
——「タイプ理論」批判の仕方——

川崎　誠

「ウィトゲンシュタインはヘーゲルを読んだ！」、そのように考えてはじめて、ウィトゲンシュタインの諸テキストは十全に読み解かれる。本稿はそのことを、『論理哲学論考』（以下『論考』と略）の「タイプ理論」批判に的を絞って論じる。

一　『論理哲学論考』の基本視座

『論考』3—33台の課題は、ラッセルの「タイプ理論」を斥けつつ、しかも「ラッセルのパラドクス」を解消せしめることにある。そして本稿は、その斥け方・解消仕方に注目する。一連の叙述をその「論理」を追って読み解くならば、そこにはヘーゲル論理学と同じ論理展開が見て取れるからである。さらにウィトゲンシュタインはラッセル批判の際カントのアンチノミー論の形式——定立（反定立）・仮定・証明——を踏襲するのだが、ただしその内容においてはヘーゲルのカント批判に忠実である。つまり3—33台を叙する「ウィトゲンシュタインはヘーゲルを読んだ！」のである。そのことに気づかないままの読解は、ウィトゲンシュタインの思考に即したものになりえない。

二　パラドクスとアンチノミー

はじめに、ウィトゲンシュタインに批判される側のラッセルの主張を見ておこう。ラッセルにおいて「記号の意味」は「個物（particular）」・「論理的虚構（logical fiction）」という「タイプ（type）」の二大別に関わる。それぞれのタイプで「意味の持ち方」（『論理的原子論の哲学』（以下『原子論』と略）一八四頁）が異なり、つまり「クラスがあるときの『ある（there are）』の意味は、個物があるときの『ある』とは違う」(『原子論』、一六八頁)のである。各タイプの例を示せば、「ティースプーン」は「個物」、「ティースプーンからなるクラス(class)」は「論理的虚構」である。また「スコット」は前者に、「ウェイヴァリーの著者」は後者に属する。すなわち、一方「個物」は「どれもが完全に独立し、完璧に自立している」・「実体が持つとされてきた自立性を持つ」(同、五一頁)とされ、他方「論理的虚構」は「それ自体は経験されない」(同、一九一頁)でただ「経験されるものから構成される」(同)ところの、「ある種の統一された物になるよう結びつきあってできた複合的なシステム(complex systems bound together into some kind of a unity)」(同、三一頁)とされる。

そしてその「タイプ理論」の必要は「ラッセルのパラドクス」を回避するためであった。周知のパラドクスは集合論に関わるものである。「自身の要素ではないすべてのクラス(集合)からなるクラスを作り、このクラスはそれ自身の要素であるか否か」(同、一六九頁)と問うてみる。すると「要素である」と仮定しても「要素でない」と仮定しても矛盾に陥る――「自身の要素でないクラス」の例:「ティースプーンのクラス」――。そしてパラドクスの別の例。「スコットはウェイヴァリーの著者である」において「スコット」と「ウェイヴァリーの著者」を同値とすれば、後者を前者に代入して得た「スコットはスコットである」は「スコットはウェイヴァリーの著者である」と同じ意義をもつはずである。けれども「スコットはウェイヴァリーの著者なのか?」との問いに「スコットはスコットである」と答えれば、それは無意味な同語反復であろう。つまり一般化して、「FはFである」で表象される二つのFについて、両者を同一のF(ein und dasselbe *F*)とすれば「二つのF」の仮定に反し、同一でないとすれば「FはFである」と言えない。

さて「個物」は「単純なもの(simples)」、「論理的虚構」は「複合的なもの(complex things)」であるから、ここにただちに想起されるのはカント「純粋理性の二律背反(アンチノミー)」の「超越論的理念の第二抗争」である。そもそも「アンチノミー」と「パラドクス」はともに矛盾であり、また「第二抗争」で問題になるのは「単一〔単純〕なもの(Einfaches)」と「合成されたもの(Zusammengesetztes)」との連関だからである。さらにアンチノミー同様パラドクスも、「媒概念曖昧の虚偽(sophisma figurae dictionis)」(『純粋理性批判』下、五九〇頁)を犯すことで生じる。一方カントにあっては理性推理における「条件の系列(die Reihe der Bedingungen)」の混同が言われ――「条件づけられたもの」が「物自体」であるとき「条件づけられたものが与えられているならば、この条件づけられたものに対するあらゆる条件（現象としての）もまた与えられている」（同）と言えるが、「条件づけられたもの」が「現象」にすぎないならそう言えない。要するに両者は「制約」（条件）において異なるが、それにもかかわらず混同される――、他方ラッセルにあっては、上述のように、「ある」の混同が言われる――「もし〔個物とクラスの〕二つの『ある』がまったく同じ意味だとすれば、三つの個物がある世界にはさらに八つのクラスがあり、少なくとも十一のものがある世界だということになる」（『原子論』、一六八頁）――[1]。

冒頭述べたように、本稿は「ウィトゲンシュタインはヘーゲルを読んだ！」と考えるが、そのヘーゲルはカントのアンチノミー論を「思弁的思考を断念する」（『大論理学』1、三五頁「序言」）ものと批判した。その概略をはじめに見ておこう。

「第二抗争」の「定立」と「反定立」は次である（『純粋理性批判』下、五三三・五三四頁）。

定立

世界における合成された実体はいずれも単純な諸部分から成り立っており、現存するのはおよそ単純なものか、単純なものから合成されたものに他ならない。

反定立

世界におけるいかなる合成された物も単純な諸部分から成り立っているのではなく、およそ世界には単純なものは現存しない。

周知のように、カントの論証は帰謬法的（apagogisch）である。「定立」と「反定立」それぞれの反対が「仮定」され、しかしそれをもって始まる「証明」の矛盾に陥ることで、「定立」「反定立」のいずれもが「必然性の条件を見出す」（同、五一九頁）。「第二抗争」では、「世界における合成された実体はいずれも単純な諸部分から成り立っており、かつ、単純な諸部分から成り立っているのではない」とされ、かくして「二律背反に服する」（同、五二〇頁）。

これに対してヘーゲルは、「この〔カントの〕アンチノミーはもっぱら、離散性ならびに連続性がまさに同じように主張されなければならない、ということをその本質としている」（『大論理学』1、二〇三頁）[2] と喝破し、さらに「この定立と反定立との対立をいっそう厳密に考察して、それらの証明をあらゆる無益なよけいなものやねじくれから解放する」（同、二一三頁）と、アンチノミー論は次のようにまとめられると言う。

　反定立の証明は――諸実体を空間のうちに移し置くことによって――連続性をただ事実として述べるにすぎない仮定を含んでおり、同様に定立の証明は――合成を実体的なものの関係の仕方と仮定することによって――この関係の偶然性を・またそれとともに絶対的なもろもろの一をただ事実として述べるにすぎない仮定を含んでいる。（同）

　ウィトゲンシュタインのラッセル批判がヘーゲルによるカント批判に準ずるとすれば、以上のアンチノミー論評を「タイプ理論」に向けることができよう。「個物」は「どれもが完全に独立し、完璧に自立している」（再掲）のだから「絶対的なもろもろの一（die absoluten Eins）」である。また「ソクラテス、ピカデリー」など「固有名を与えている」ものですら「ある種の統一された物になるように結びつきあってできた複合的なシステム」（再掲）なのだから、「論理的虚構」は「実体的なものの関係の仕方」である。

　ただし「タイプ理論」にあっては次の点が注意される。「個物」は「直接的な面識（acquaintance）に依存する」（『原子論』、三七頁）のでそのものを「名指すことができる」（同、二五頁）が、「名指しうるのは個物だけ」（同一八二頁）である。これに対して、「複合的なもの」の複合性は「見かけ（apparently）」（同、三一頁）にすぎず、それゆえ「複合的なもの」は面識されない。そして「面識していないものはいずれも名指せない」（同、四九頁）――「個物が『ある』」と「クラスが『ある』」の区別されるゆえん――。

　このようにカントとは異なり、ラッセルにあっては「諸実体」（単一なものと合成された実体）の「連続性」は主張されない。そして「アンチノミーが、離散性と連続性とのこの単一な統一であるという・量の本性（をどう理解するか）に帰着する」（『大論理学』1、二〇三頁）からには、「タイプ理論」はなるほどパラドクスを回避しえよう。「ＦはＦである」において、一方のＦが面識され他方が面識されないなら、二つのＦが「おなじ物を意味する」（『原子論』、五〇頁）ことはありえない。あるいは「直接的な面識に依存して」両者が「おなじ物」なら、「ＦはＦである」は「トートロジー」である――二つのＦの「面識」は同時ではないにしても、「何秒間、あるいは何分間なのかはさておき、物は一定期間持続する」（同、五四頁）ので、その期間内であれば二つのＦは「おなじ物」とされる――。

だがしかし、「離散性と連続性との単一な統一」に対して、その一方の契機のみを採り上げても真理態には到達しない。ウィトゲンシュタインが衝くのはこの点である。

三　読　解

3―33　論理的構文論においては、記号の意味が役割を果たす必要はない：たとえ記号の意味が問題になったとしてもそれに関わりなく、論理的構文論は立てられねばならず、諸表現の記述を前提するだけでよい。

ラッセルの論において「記号の意味」の重要なことは上述した。これに対してウィトゲンシュタインは「記号の意味が役割を果たす必要はない」と断ずる。その理由を知るべく『論考』で先行する叙述に目を向ける。

3―327　記号は論理的‐構文論的の応用とともにはじめて論理的形式を規定する。

具体例をソシュール「第三回講義」――以下「講義」と略――に求める。

〈講義〉　一九一〇年十二月六日　45―15 (3)

それ〔フランス語で文字cをsのように発音するの〕は言語のすべての進展を通して存続したラテン語正書法をわれわれが保守しているからだ。

またウィトゲンシュタインの論理展開がヘーゲル論理学のそれと軌を一にすることは上述したが、三・三二七に対応する『大論理学』は次である。

〈大〉――このことははじめには、実在的に必然的なものは形式に関しては、なるほど必然的なものであるが、内容に関しては制限されたものであり、この内容によって自分の偶然性をもつ、というように現われる。(現実性章　B相対的必然性　または　実在的現実性・可能性・および必然性　14パラグラフ　第2文) (4)

さて「形式には一般にすべての規定されたものが属しており」(『大論理学』2、一〇四頁)、「文字c」も「フランス語の書(écriture)」における「規定されたもの」――「フランス語アルファベットの第3字」――として「形式」である。そしてそれは「別のものであることができない必然的なもの」(同、二四六頁)なのだから、「形式に関しては必然的なもの」・すなわち「実在的に必然的なもの」である。けれどもその「文字c」をsのように発音することがあり——例：*cité*——、つまり「文字c」は「内容〔どのように発音するか〕に関しては制限されたものである」。だから「文字c」が*cité*でsと発音されなければ、それは「記号（Zeichen）」（文字c）の「論理的‐構文論的の応用（Verwendung）」でなく、それゆえ「論理的形式を規定する」こともない。このように、「実在的に必然的なものは〔制限された〕内容によって自分の偶然性をもつ、というように現われる」。

さて『大論理学』第2文の冒頭「このこと」は、前文の「実在的必然性は潜在的には偶然性でもある」ことであり、そのことが「現われる（erscheint）」というのだから、「このこと」は「現象（Erscheinung）」である。そこで「現象」に関する『大論理学』の把握を示しておこう。

〈大〉　直接態にまで進んだ本質態はまずはじめに現実存在であり、また現実存在するもの・または物である………（中略）……しかし物の根拠は本質的に反省であるから、物の直接態は揚棄される：物は自己を定立された存在にするのである。／こうして第二に物は現象である。現象は物が本来的にあるところのもの・換言すれば物の真理態である。しかしながらこのたんに定立されただけの・他在へと反省した現実存在は同じくまたそれの無限性へと自己をこえ出る運動である：現象の世界には自己へと反省した・それ自体で存在する世界が対立しているのである。（第二編　現象4～5パラグラフ）

「現象の世界には自己へと反省した・それ自体で存在する世界（die in sich reflektierte, an sich seiende Welt）が対立している」からには、「現われる」とされた「実在的必然性」もその「自己をこえ出る運動（das Hinausgehen über sich）」——すなわち「制限された内容によって自分の偶然性をもつ」——において真理態に向かって展開する。そのことが『論考』の以下の叙述で説かれ、3—33台もその一環である。

まず3—328である。

3—328　記号が使用されなければそれは意味をもたない。これはオッカムの格言である。（記号が意味をもつようにすべてが相関しているとき、記号は意味をもつ。）

「オッカムの格言」の対偶を採って「記号が意味をもてばそれは使用される」を得るが、「記号が意味をもつ」のはそのように・つまり「記号が意味をもつようにすべてが相関しているとき」である。

対応する『大論理学』は引き続き「偶然性」に言及する。

〈大〉　しかし実在的必然性の形式のなかにもまた偶然性が含まれている。（第3文）

具体例はラテン語 *civitatem*〔都市〕の発音の変遷である（「講義」45—16）。それは最初 *ki-* と言われ、次に *tsi-*・最後は *si-* と言われた。そしてその「すべての進展を通して存続したラテン語正書法〔文字c〕をフランス語が保守している」（前文）ことは *cité*〔都市〕の示すところである。つまりフランス語は、そうした「保守」において、「記号が意味をもつようにすべてが相関している」。そして「論理的形式を規定する」のはそうした「相関（Verhältnis）」であるから、「実在的必然性の形式〔論理的形式・sのように発音する文字c〕のなかにもまた偶然性が含まれている」。

以上を踏まえての3—33だが、改めて掲げよう。

3—33　論理的構文論においては、記号の意味が役割を果たす必要はない：たとえ記号の意味が問題になったとしてもそれに関わりなく、論理的構文論は立てられねばならず、諸表現の記述を前提するだけでよい。

対応する『大論理学』は次の叙述である。

〈大〉　というのは、すでに示されたように、実在的可能性はただ潜在的に必然的なものであるにすぎないのであって、それが定立されているのは現実性と可能性との相互に対する他在としてであるからである。（第4文）

引き続き具体例を「講義」に求め、「英語の書では文字iがしばしば *ai* を示す」（45-17）——例えば *life*——。その「実在的可能性」が、ここでは「ただ潜在的に必然的なものであるにすぎず、それが定立されている（gesetzt）のは現実性と可能性との相互に対する他在として（als das *Anderssein* der Wirklichkeit und Möglichkeit gegeneinander）である」と言われる。ここは難所であるゆえ、別の例を『一般言語学講義』——以下『講義』と略——から挙げておこう。ラテン語の対「faciō–confaciō」が後に「faciō–conficiō」に変化した経緯が説かれる。

〈参考〉〔*faciō* の *a* が *conficiō* で *i* になった、のではない。〕人は最初 *faciō–confaciō* と言った：次いで、*confaciō*

が*cōnficiō*と変容し、*faciō*の方は変化をうけず存続したので、faciō–cōnficiōと言ったのだ、つまり：

faciō ←→ cōnfaciō　A時代
↓　　　↓
faciō ←→ cōnficiō　B時代

もし「変化」が生じたとすれば、それは*cōnfaciō*と*cōnficiō*とのあいだである：（同）

「cōnfaciō→cōnficiō」の変化は「音韻変化」である。そこで、形式の変化した*cōnfaciō*と*cōnficiō*がなぜ同じもの――ともに*faciō*と対をなす――であるのかと問うてみると、次の事情が見えてくる。引き続き『講義』から。

〈参考〉〔音韻〕変化から生じた状態は、それがあらたに取り込んだ意義をしるすべく運命づけられたものではない。ある偶生的状態が与えられた：faciō–cōnfaciōが、すると人はこれを、共時論的価値を立てるために流用するのである：（p.120。例は変えてある）

なるほど対「faciō–cōnficiō」はB時代において「定立されている」。しかしそれは、音韻変化「cōnfaciō→cōnficiō」によって与えられた偶生的状態を人が流用したからであり、つまり「定立する運動」は「流用する運動」である。そして*cōnfaciō*を現実性と見れば*cōnficiō*は可能性であり、またvice versaであるから、「faciō–cōnficiō」（実在的可能性）が「定立されているのは現実性と可能性との相互に対する他在としてである」。「文字・i」の発音に関しても同じである。名詞*life*は一五世紀に*līf*と発音され、īは長音のiである。他方動詞*live*は一貫して短音・i〔ı〕で発音される。つまり、一五世紀には対「ı―ī」が動詞・名詞の価値を与える「現実性」であったが、後に人が「音韻変化『ī→ai』によって与えられた偶生的状態［ı―ai］を流用した」ので、新たに現代の「現実性」が「定立された」。そして「偶生的状態」は「可能性」であるから、「英語の書で文字・iがaiを示す」こと（実在的可能性）は、「ただ潜在的に必然的なものであるにすぎず、それが定立されているのは現実性と可能性との相互に対する他在としてである」。

そうであれば、「論理的構文論においては、記号の意味〔文字・iがaiを示す〕が役割を果たす必要はない」。「たとえ記号の意味が問題になったとしても〔偶然的な〕それには関わりない」。そうではなくて、例えば'Life is but a dream.'において「論理的構文論を立てる」には、現に言語交通している「諸表現〔live・life〕の記述〔lıv・laif〕

を前提するだけでよい」。

3—331　この見解より、われわれはラッセルの「タイプ理論」を見定める：ラッセルの誤りは、記号規則を立てるに際し記号の意味について語らざるをえなかった点に示される。

「見定める」と訳した'sehen in Russells "Theory of Types" hinüber'を直訳すれば「ラッセルの『タイプ理論』を向こう側に見る」であり、「こちら側に（herüber）」いる自分から見て「タイプ理論」は「ラッセルの誤り」である。

その「ラッセルの誤り」は「記号規則を立てるに際し記号の意味について語らざるをえなかった点」にある。「せざるをえない（müssen）」は「する必要はない（nie dürfen）」の否定であり、後者は3—33に「論理的構文論においては、記号の意味が役割を果たす必要はない（darf nie spielen）」とあった——「記号規則を立てること（die Aufstellung der Zeichenregeln）」すなわち「論理的構文論」である——。そして'müssen'は必然性だから'nie dürfen'は偶然性である。つまり「記号の意味について語らざるをえない」ことにおいて、「向こう側」では「偶然性」が否定されている。

そこで対応する『大論理学』は次である。

〈大〉それだから実在的必然性は偶然性を含んでいる。

（第5文）

これはもちろん「こちら側」での話であり、かく言われるのは「実在的可能性の必然性が現実性と可能性との相互に対する他在として定立されている」のだからである——つまり「流用」がなければ定立されない——。そして「偶然性」は可能性と現実性の無媒介的な統一だが（『大論理学』2、二三九頁）、対する「向こう側」では「個物」と「論理的虚構」とのそうした統一はありえない。

3—332　いかなる命題も自己自身について或ることを述語することはできない、なぜなら命題記号は自己自身に含まれえないから（これが「タイプ理論」の全体である）。

「『タイプ理論』の全体（die ganze "Theory of Types"）」を説くウィトゲンシュタインは、「アンチノミーの全体（die ganze Antinomie）」に関するヘーゲルの次の叙述を思い浮かべていただろう。

アンチノミーの全体は、量の二つ契機の分離と、そしてこれらの契機が分離されている限りでの、これらの契機の直接的主張とに帰着する。たんなる離散性にしたがってとらえるならば、実体・物質・空間・時間等々は、端的に分たれており、一がそれらの原理である。連続性からすれば、この一は揚棄された一にすぎない；分割作用は分割可能性にとどまっており、現実に原子にまで到達することのない可能性として、分割できるという可能性にとどまっている。だがこうして、連続性自身が原子〔である〕という契機を含んでおり、同様にまた、あの分割されている存在はもろもろの一のあらゆる区別を揚棄してしまっている——というのは単一な一は他のもろもろの一があるところのものと同一であるから——こうしてまたまさに、それら〔もろもろの一〕の絶対的な相等性と・またそれとともにそれらの連続性とを含んでいる。二つの対立する側面のおのおのは、それ自身のもとに〔顕在的に〕それの他の側面を含んでおり、どの側面も他方の側面なしに考えることができないのであるから、このことから、これら〔二つの〕規定のいずれも、それだけが単独にとらえられるならば、真理態をもっておらず、ただそれらの統一だけが真理態をもっている、ということが帰結されるのである。このことが、これらの規定の真の弁証法的考察であり、また、真の成果である。（『大論理学』1、二一三頁）

ラッセルは「どの個物もそれ以外の一切から独立し、他のいかなるものにも依存せず存在する」（『原子論』、五五頁）と言う。すると「個物」は「離散性にしたがってとらえられ」、つまり「一（das Ein）」と解される。ところでラッセルは「これ（this）」について、それが「本物の固有名であり、本来の論理的な固有名として用いられる」こと、そうした「論理的言語」にあっては「関心の所在が、特定の個物ではなく、個物一般にある」（同、五一頁）ことを述べている。そうであれば「連続性からすれば、この一〔個物〕は揚棄された一にすぎず、分割作用は分割可能性にとどまっている」だろう。つまり「個物」の「真理態」は離散性と連続性という「二つの規定の統一」にこそ求められるはずである。だが「タイプ理論」はかかる把握を妨げる。上述のように、そこでは「連続性」の契機が欠落するからである——あえて「論理的言語」と言わずとも、そもそも「言語（langue）」とは、その使用において「ひと〔個人〕」が「人間《よのなか》のひと（社会人）」であるところの媒介されたものである（森重敏）。ラッセルに欠けるのは言語についての「真の弁証法的考察」である――。

そこでウィトゲンシュタインの批判だが、或るものが「自己自身に含まれる（in sich selbst enthalten sein）」とは、その或るものにおいて「二つの対立する側面――含む或るもの・含まれる或るもの――のおのおのが、それ自身のもとに〔顕在的に（an ihr selbst）〕それの他の側面を含んでいる」ことである――或るものとそれの他の側面との「連続性」――。そしてこのとき「あの命題〔FはFである〕という形式のうちには単一な・抽象的な同一性より以上のものが含まれている」（『大論理学』2、五四頁）のである。そうであれば、「いかなる命題も自己自身について或ることを述語する（etwas über sich selbst aussagen）」のでなければならない――「述語する」とは「規定する」であり、「規定態一般は否定である」（スピノザ）――。そこで『大論理学』第6文は次を説く。

〈大〉それ〔実在的必然性〕は現実性と可能性との相互に対するあの静止していない他在からの自己への復帰であって、自己自身からの自己への復帰ではないのである。（第6文）

だが「タイプ理論」は「命題記号は自己自身に含まれえない」とし、「他在からの自己への復帰」の途を閉ざす。そこで3―333が示すのは「真の弁証法的考察」による「真理態」の把握である。

3―333　或る関数はそれ自身の項であることはできないが、それは関数記号がすでにその項の原像を含んでおり、また自己を含むことはできないからだ。

次のように仮定しよう、関数F(fx)は自身の項でありうる：それゆえその場合一つの命題が存在する：「F(F(fx))」、そしてここにおいて外側の関数Fと内側の関数Fは差異された意味をもつ、内側は形式φ(fx)をもち、外側は形式ψ(φ(fx))をもつのだから。二つの関数に共通なのは文字「F」だけだが、しかしそれだけでは何ものも表わさない。

このことはわれわれが「F(Fu)」の代わりに「(∃φ):F(φu).φu=Fu」と書くと、すぐに明らかになる。

かくしてラッセルのパラドクスは片づく。

3―333の叙述はカントのアンチノミー論を想わせる――1パラグラフ：「定立」、2パラグラフ：「証明」、3パラグラフ：「帰結」――。しかも後に見るように、ウィトゲンシュタインはカントに向けたヘーゲルの批判に忠実である。

1パラグラフの「定立」は「或る関数はそれ自身の項であることはできない」である。そして「原像（Urbild・prototype）」は「即自存在的なもの（Ansichseiendes）」と解され、つまり「向自的に存在するもの（das Für-sich-Seiende）」（それだけで独立して存在するもの）の否定である。だから「関数記号がすでにその項の原像を含んでいる」なら、それは「また自己〔向自的に存在するもの〕を含むことはできない」。

そこで対応する『大論理学』だが、パラグラフが変わり15パラグラフの第1文である。

〈大〉したがって潜在的にはここに必然性と偶然性との統一が現存している。

再び「潜在的に（an sich）」とあり、ここでは「必然性と偶然性との統一が現存している」ことの「潜在的」であることを言う。「現存している（vorhanden）」は‘als existierend feststellbar’であるから、「潜在的に現存している」は「可能的に現存している」である(5)。そして「原像」もまた「潜在的に〔本来的に〕現存している」から、「関数記号はすでにその項の原像を含んでいる（bereits das Urbild seines Arguments enthält）」と言われる。つまり含む・含まれる関係にある「二つの対立する側面」（前掲）が「関数記号」と「原像」であり、それがいま「統一（Einheit）」（一であること）において現存している。それゆえここに両者（関数記号・原像）の「連続性」と「離散性」が弁証法的に把握された。

2パラグラフはその「証明」である。第1文「関数F(fx)は自身の項でありうる」は「仮定」であり、それは「定立」の反対なので「証明」は「帰謬法的」である。そしてこの「仮定」のもとで第2文「その場合一つの命題が存在する：『F(F(fx))』」と説かれ、「そしてここにおいて外側の関数Fと内側の関数Fは差異された意味をもつ、内側は形式φ(fx)をもち、外側は形式ψ(φ(fx))をもつのだから」と言う。なぜか。第3文が説くように、「F(F(fx))」において「二つの関数に共通なのは文字『F』だけだが、しかしそれだけでは何ものも表わさない（nichts bezeichnet）」。つまり「F(F(fx))」はさしあたり「空虚な同語反復の表現以上のものではない」（『大論理学』2、五一頁）が、空虚であれば使用されず、それゆえ「オッカムの格言」により除かれよう（3—328）。だから第2文が「『F(F(fx))』が存在する（es gibt）」と言うからには、「あの命題［「F(F(fx))」］という形式のうちには単一な・抽象的な同一性より以上のものが含まれている」（再掲）・換言して「外側の関数Ｆと内側の関数Ｆは差異された意味をもつ」のである。

さてこの２パラグラフは、「証明はより簡単にとらえなおされる」（『大論理学』１、二〇九頁）と言うヘーゲルの、次の叙述を踏まえていよう。

> 合成された実体は単一な諸部分から成りたっているのではない、と仮定しよう。ところで、すべての合成を思想のなかで廃棄することができる、（というのは、合成はたんに偶然的な関係にすぎないから）、したがって、もしも実体が単一な諸部分から成りたっているのでなければ、合成を廃棄したあとにはどのような実体も残存しないことになる。けれども、われわれは実体〔が存在すること〕を仮定したのであるから、われわれは実体をもっているにちがいない。われわれにとってすべてのものが消失すべきではなくて、なにものかが残存すべきである。というのは、われわれが実体と名づけたところの・持続するものをわれわれは前提したのだからである。したがって、この〔持続する〕或るものは単一なものであらざるをえない。（同）

これに準えて２パラグラフを書き換えてみよう。

関数F(fx)は自身の項でありうる、と仮定しよう。ところで、その場合一つの命題「F(F(fx))」が存在し、そのすべてを思想のなかで廃棄することができる（というのは、二つの関数に共通なのは文字「Ｆ」だけだが、しかしそれだけでは何ものも表わさないから――換言して、二つの文字「Ｆ」の共通はたんに偶然的な関係にすぎないから――）、したがって、もしも関数F(fx)が自身の項でありうるのであれば、「空虚な同語反復の表現」たる「F(F(fx))」を廃棄したあとにはどのような「F(F(fx))」も残存しないことになる。けれども、われわれは「F(F(fx))」〔が存在すること〕を仮定したのであるから、われわれは「F(F(fx))」をもっているにちがいない――「記号が使用されなければそれは意味をもたない」（オッカムの格言）――。われわれにとってすべての「F(F(fx))」が消失すべきではなくて、何ものかが残存すべきである。というのは、われわれが「F(F(fx))」と名づけたところの・存在するものをわれわれは前提したのだからである。したがって、この〔存在する〕「F(F(fx))」は「自身の項でありうる関数F(fx)」（或るもの）の他のものであらざるをえない――「外側の関数Ｆと内側の関数Ｆは差異された意味をもつ、内側は形式 φ(fx) をもち、外側は形式 ψ(φ(fx)) をもつ」――。

つまりいずれにおいても「帰謬法的な廻り道のなかに、それから帰結されるべき主張そのものが〔かっこに入れてある『というのは、云々』なる根拠として〕現われ出ている」(『大論理学』1、二〇九頁)のだが、その「帰結されるべき主張」について3パラグラフは、「『F(Fu)』の代わりに『(∃φ):F(φu).φu=Fu』と書くと、すぐに明らかになる」と言う。「講義」の「その〔長音・iの〕音は *ai* になった」(45―20)が具体例である。つまり「φ:一五世紀英語」・「F:現代英語」・「u:その音」と置けば、「φu:i」に対し「Fu:ai」であり、「外側の関数と内側の関数が差異された意味をもつ」ことは「すぐに明らかになる」。

そして「ラッセルのパラドクス」は「連続性」と「離散性」を統一的に把握できないところに生じたのだから、「合成された実体が単一な諸部分〔実体〕から成りたっている」ことが証明されたいま、4パラグラフ「ラッセルのパラドクスは片づく」。

3―341 論理的構文論の諸規則は、各記号がどのように示すかを人が知りさえすれば、自ずから理解されるのでなければならない。

フランス語の話手は *cité* で文字 c を s のように発音し、英語の話手は *life* で文字 i を ai と発音する。そしてそのように発音することは「論理的構文論の諸規則」である。けれどもいずれの話手も、そうした発音が「古い様式(archaïsme)」(「講義」45―20)に由来することは知らない。つまり「論理的構文論の諸規則は自ずから理解されている」。こうして偶然性を流用しての必然性〔論理的構文論の規則〕であることが明らかになり、『大論理学』

〈大〉 この〔必然性と偶然性との〕統一は絶対的現実性と名づけられるべきものである。(15パラグラフ 第2文)

と対応する。

「ウィトゲンシュタインはヘーゲルを読んだ!」とは、ウィトゲンシュタインの諸テキストの論理展開がヘーゲル論理学のそれと一致することを言い、本稿に即しては、『論考』の叙述・したがってウィトゲンシュタインの思考の歩みがヘーゲルのそれと軌を一にしていることを意味する。

「批判哲学が形而上学を論理学にした」（ヘーゲル）からには、以後の学問は論理的でなければなるまい。そしてウィトゲンシュタインの学は確かに論理的であった。そうであれば読者の側もまずはその論理を把握すべきであり、その際「記号の意味が役割を果たす必要はない」――だから本稿においては「ソシュールはヘーゲルを読んだ！」こともまた示された(6)――。

注

(1)「媒概念曖昧の虚偽」の他の例に言語における「類推（analogie）」がある。例えば「しゃべる：しゃべれる＝食べる：x　x＝食べれる」の比例四項式（la quatrième proportionnelle）では「○べる」が媒概念の働きをするが、「しゃべる」は五段動詞・「食べる」は一段動詞なのだから、「食べれる」の創造に「媒概念曖昧の虚偽」を見るのである。少壮文法学派が類推を「誤った類推（fausse analogie）」としたのがそれである。ただし類推は言語の正常な運動であるから、それを誤りとみなすのは少壮文法学派の論理的無知である。むしろ類推において「連続性」と「離散性」の統一は把握される。類推の根源は個人の言における試みであり、他人によるその模倣・反復を経て、ついに言語における世人の慣用になるが、そうした一連において新形が旧形に取って替わるからである。それゆえソシュールによる少壮文法学派批判はヘーゲルのアンチノミー論批判に通じており、『大論理学』B版の言及する「四個名辞の虚偽（Quaternio terminorum）」についても、類推がその理解を助ける。

(2) カントのアンチノミー論に対するヘーゲルの論評は『大論理学』A版・B版でほぼ同一である。

(3)「講義」の文の特定を、本稿ではPergamon版の頁数と頁内の文番号で示す。すなわち「45―15」は四五頁・15番目の文。

(4) 以下とくに断らないかぎり、『大論理学』からの引用はすべて14パラグラフからである。

(5) ここでの潜在的な統一が「絶対的現実性」だが――「現実性が自分の即自存在〔可能性・偶然性〕として必然性を含むことによって、それ自身がそのまま必然的であるところのこの現実性は、絶対的現実性である」（『大論理学』2、二四八頁）――、それが展開して「実在的必然性がただ潜在的に偶然性を含んでいるというだけでなく、偶然性が実在的必然性のもとに生成しもする」に至る。つまり「実在的必然性がもっていた前提は実在的必然性の定立する運動が定立したものである」（同、二四九頁）とされる。

(6) 拙稿「テキストに『論理を読む』ということ」では、ウィトゲンシュタイン・ソシュールと並んで「マルクスはヘーゲルを読んだ！」ことをも示した。

文献

カント、宇都宮他訳『純粋理性批判』下　以文社
川崎誠「テキストに『論理を読む』ということ」、『理想』七〇四号
ヘーゲル、寺沢恒信訳『大論理学』1〜3、以文社
森重敏『日本文法通論』風間書房
ラッセル、高村夏樹訳『論理的原子論の哲学』筑摩書房
Saussure, F. de, *Troisième cours de linguistique générale*, Pergamon.
ソシュール、小林英夫訳『一般言語学講義』岩波書店
Wittgenstein, L., *Tractatus logico-philosophicus*, Suhrkamp.

（かわさき　まこと）

言葉の多義性の哲学入門

前田　尚人

本稿では言葉の多義性の問題に取り組んだ三人の哲学者を紹介する。アリストテレス、ウィトゲンシュタイン、チャールズ・スティーヴンソンである。

1　多様な意味を統一する――アリストテレス

ハイデガーはアリストテレスが存在の多様な意味を類比によって統一したことを評価していた(1)。ハイデガーによるとアリストテレスは存在に「類比の統一」を認めたことで「存在の問題を原則的に新しい一つの土台のうえに置きすえた」(2)のだと言う。しかしアリストテレス自身は問題の議論を「アナロギア（類比）」という呼称で特徴づけていないことが茶谷直人によって指摘されている(3)。実際、アリストテレスにおいては「プロス・ヘン統一」と「アナロギアによる統一」が区別されていたことを示す典拠がある。茶谷が挙げている『ニコマコス倫理学』の「善」に関して述べた箇所(4)がそうだし、これから見ていくようにデュナミス論においても両者は区別されている。

加えて私の見るところアリストテレスには「プロス・ヘン統一」とも「類比による統一」とも異なる第三の統一がある。「類似性による統一」である。この節ではアリストテレスのテキストに即して(5)「プロス・ヘン統一」、「類比による統一」、「類似性による統一」の三つの統一を整理する。アリストテレスにおいて三つの統一が区別されているのがよくわかるのは存在論ではなくデュナミス論である。だから三つの統一の違いをデュナミス論に即して見ていく（1―3）が、その前に類比の統一の典拠とされている箇所を確認し（1―1）、次に「類似性による統一」が最もよく表れた『ニコマコス倫理学』の友愛論を見る（1―

2)。

1―1　類比による統一？――アリストテレスの存在論

まずはアリストテレスが存在の多様な意味を類比によって統一した典拠とされてきた箇所を見る。

　さて、「存在」というのにも多くの意味がある〔訳しかえれば、物事はいろいろの意味で「ある」と言われる〕。しかしそれらは、或る一つのもの、或る一つの自然〔実在〕との関係において「ある」とか「存在する」とか言われるのであって、同語異義的にではなく、あたかも「健康的」と言われる多くの物事がすべて一つの「健康」との関係においてそう言われるようにである、詳言すれば、その或るものは健康をたもつがゆえに、或るものは健康をもたらすがゆえに、また或るものは健康のしるしであるがゆえに、さらに他の或るものは健康を受けいれるものであるとのゆえに、ひとしく「健康的」と言われる。（『形而上学（上）』、一一二―一一三頁）

さまざまなものが「健康的」と言われるが（「健康的な」身体、「健康的な」食事など）、それらはすべて「健康」に関係してそう言われている、同じように、性質や量などさまざまなものが「ある」と言われるが、それらはすべて実体（ウーシア）との関係においてそう言われている。たとえば、いま私の目の前に羊羹があるとする。この羊羹が実体である。羊羹は茶色である（性質）、羊羹は六十グラムである（量）、羊羹には（いま私がかじったので）欠けたところがある（欠除）、といったことは、すべてこの実体としての羊羹との関係で言われることである。つまり、性質とは「実体の」性質であり、量とは「実体の」量であり、欠除とは「実体の」欠除である（同、一一三頁）。このように存在（「ある」）は一つのもの（＝実体）との関係で統一されている。

　読めばわかるとおりアリストテレスは「一つのものとの関係において（プロス・ヘン）」とは言っているが、茶谷の指摘のとおり「類比」という言葉は使っていない。ここではそのことだけを確認して次に行く。

1―2　類似性による統一――友愛論を例に

次に「類似性による統一」について見ていく。これまで「類似性」と言ってきたのはギリシア語の「ホモイオテース」という語である。まずはこの語の辞書的な定義を確認しておく。

「ホモイオテース」とはすなわち、（一）ものの或いはひとびとの間に存する類似性を意味することもあるが……（中略）……、また、（二）一般に、或る表現が本来的な意味にではなく、むしろ比喩的な仕方で、他の場合に適用された際に用いられ、「ホモイオテース」に即して語られる、といわれる。これはむしろ「擬似性」であり、後世の修辞学にいう simile にあたる。(6)

simile とは現代の英語では「直喩」を意味し、その由来はラテン語の similis である(7)。英語の similar から容易に想像できるように、similis とは「似ている」という意味である。その点、ギリシア語の「ホモイオテース」と同様である。「ホモイオテースに即して」語られている卑近な例としては、英語でクラゲが jellyfish と呼ばれていることが挙げられるだろう(8)。英語ではクラゲのことを jellyfish と言うが、この場合の fish は文字通りの意味での fish ではなくどちらかというと比喩的な意味での fish だろう。Jellyfish が fish と言われるのはサケやイワシなどの「範例的な」fishes といくらか似ていること（水中で生活していること、泳ぐことなど）によると考えられる。しかしそれがあくまで比喩的な意味で fish なのは、範例的な fishes と異なるところがある（ひれがないこと、えら呼吸しないことなど）からだろう。

類似性による統一が最もよく表れているのは『ニコマコス倫理学』第八巻の友愛論である。アリストテレスは愛（友愛）を徳（アレテー）ゆえの愛、快楽ゆえの愛、有用性ゆえの愛の三種類に分けた上で、このうち徳ゆえの愛こそ第一義的な愛であり、それ以外の愛はこの第一義的な愛との類似性に即して愛と呼ばれると考えた(9)。善き人々はお互いにとって快適な人でありまた有用な人であるから、徳ゆえの愛との類似性という観点からすれば快楽ゆえの愛も有用性ゆえの愛も愛であり、徳ゆえの愛が永続的であるのに対しほかの二つの愛は移ろいやすいから、徳ゆえの愛との非類似性という観点からすればそれらは愛ではないと説明される(10)。快楽ゆえの愛、有用性ゆえの愛を愛と言うのは jellyfish を fish と言うようなものだということだ。

Jellyfish のような事例は境界例（ボーダーラインケース）と言われてきたものである。類似性による統一は類似性に着目することで範例と境界例を統一する。

1—3 デュナミス論に見る三つの統一

プロス・ヘン統一、類比による統一、類似性による統一の違いをデュナミス論に即して見ていく。まずはデュナミスの定義を確認する。

デュナミス〔能力、可能性〕と言われるのは、まず（一）或る物事の運動や転化の原理《アルケー》〔始動因〕のことで、これはこの物事とは他なるもののうちに存し、あるいは他なるものとしてこの物事それ自らのうちに存するものである。（『形而上学（上）』、一八三頁）

デュナミスとは転化の原理である。このデュナミスの例として挙げられるのは建築術や医術である。しかし、これがデュナミスの唯一の意味だというのではない。デュナミスは多様な意味をもち、それらは三つの仕方で統一されている。まずはプロス・ヘン統一から見ていく。アリストテレスは『形而上学』第九巻で次のように述べている。

同じ種に属する〔本来の意味での〕それらは、いずれもみな、或るなんらかの原理であり、それぞれ或る一つの第一の原理との関連においてデュナミスと言われるのである。そしてこの原理というのは、他のもののうちにあり、または他のものとしてのそのもの自らのうちにあるところの、それの転化の原理〔始動因〕のことである。（『形而上学（下）』二一〇頁。強調引用者）

これに続いて、受動するデュナミスも悪への転化や破滅を受けない非受動的なデュナミスも「転化の原理」との関係でデュナミスと言われることが説明される（同）。すなわち、ちょうど性質や量が実体との関係において語られるように（「実体の性質」、「実体の量」）、受動するデュナミスは「受動的な転化の原理」（同、強調引用者）、非受動的なデュナミスは「転化の原理としての他のものによりまたは他のものとしてのそのもの自らによっての悪への転化や破滅に対して非受動的な状態」（同、強調引用者）というふうに、「転化の原理」との関係において語られる。このように見るとデュナミスの異なる意味はすべて「転化の原理」との関係によって説明されるように思われるかもしれない。しかし、この直前にアリストテレスは次のように書いている。

さて、デュナミス〔能力・可能性〕と言い、デュナスタイ〔能がある・可能である〕と言うのに多くの意味があることは、すでに他の個所で我々の規定したとおりである。それらの諸義のうち、同語異義的にそう言われるデュナミスについては、ここではほっておいてよかろう（というのは、それらのうちの或るものは、なんらかの類似性によってそう言われるのだからである。たとえば幾何学において我々が、或るなにものかを、〔これが他のなにものかに対して〕或るなんらかの仕方であるかあらぬかに応じて、デュナトン〔累乗的または合理的〕またはアデュナトン〔非累乗的または非合理的〕であると言うがごときである)。(『形而上学(下)』二〇頁。元からあった傍点を削除し新たに付加した。)

幾何学においてデュナトンと言われるものは「転化の原理」との関係でそう言われるのではなく、「なんらかの類似性によってそう言われる」のだと言う。また別の箇所では、「なお、幾何学でデュナミス〔冪、累乗〕と言われるのは類推的転意《メタフォラ》によってである」(11)と言う。メタフォラとはメタファーのことであり、このことはホモイオテースが simile にあたるという1―2で見たことと一致する。アリストテレスにおいては類似性による統一とプロス・ヘン統一ははっきりと区別されているのがわかる。

最後に類比による統一である。第九巻の冒頭近くでまずは「最も主なる意味でのデュナミス」(『形而上学(下)』一九頁)について規定すると述べられるが、そのすぐ後でデュナミスは(その最も主なる意味は日本語で運動する「能力」と訳されるものだが)「ただたんに運動との関連において言われる場合のそれよりも広い意味をもっている」(同一九―二〇頁)ことが予告される。「広い意味」はデュナミスの対義語であるエネルゲイアとの対比で明らかになる。つまり、現に建築活動している人も木から作られたヘルメスの像もエネルゲイアにおいてあると言われる。それらは異なる意味で「エネルゲイアにおいて」あると言われているように見えるが、それらの間には〈現に建築活動している人が建築できる人に対してあるように、ヘルメスの像は木材に対してある〉という類比関係が成立している。エネルゲイアに対応して運動する能力だけでなく木材に秘められたそれからヘルメスの像が作られる潜在的な可能性もデュナミスと言われることが明らかになる。デュナミスは「能力」に回収しきれない意味を持つが、それの意味は類比を介してゆるやかに統一されている(『形而上学(下)』三二一―三二三頁)。

この節で述べてきたことをまとめると、(一)第一の原理との関係で(一つのものとの関係で、すなわちプロス・ヘン)デュナミスと言われるものがある、(二)類似性によってデュナミスと言われるものがある、(三)狭い意味でのデュナミスと広い意味でのデュナミスがあり両者は類比によって統一されている、ということになる。

1—4　まとめ

一般化すると、類似性による統一により統一されるのは第一義的な意味（でのX、つまりXの範例）と比喩的な意味（でのX、つまりXの境界例）であり、プロス・ヘン統一されるのは第一義的な意味（でのX）と派生的な意味（でのX）であり、類比による統一により統一されるのは広い意味（でのX）と狭い意味（でのX）である、ということになる(12)。

2　「家族的類似性」――ウィトゲンシュタイン

「類似性」と言えばウィトゲンシュタインである。ウィトゲンシュタインの「家族的類似性」は「ゲーム」の例とともによく知られている。

例えば、我々が「ゲーム」と呼ぶ事象について、一度考えてみてほしい。盤上のゲーム、カードゲーム、ボールを使うゲーム、格闘的なゲーム、などのことを言っているのだ。これらすべてに共通するものは何か？――「何か共通なものがあるに違いない、さもなければ「ゲーム」とは呼ばれない」と言ってはいけない――そうでなく、それらに共通なものがあるかどうかを見たまえ。――なぜなら、それらをよく眺めるなら、君が見るのはすべてに共通するような何かではなく、類似性、類縁性、しかもいくつもの種類の類似性だからだ。(13)

一見するとウィトゲンシュタインの「家族的類似性」は類似性による統一を突き崩すように見える。つまり、たとえばゲームの中でもボードゲームだけを見ればそれらの間に類似性を見いだすことは容易である。すなわちそれらは盤上の駒をルールに従って動かす。ボードゲームは似たものから成る一つのグループを形成するが、トランプゲームはそのグループからは外れる。トランプゲームはトランプゲームで似たものどうし一つのグループを形成するが、そのグループにボードゲームが入ることはない。トランプゲームとボードゲームの多くに勝ち負けがあることに着目すればそれらはその類似性により同一のグループに入るが、今度はソリティア（一人でするゲーム）がグループから外れることになる。このように類似性による統一が成り立っていてもそれは程度の差こそあれ局所的な統一にすぎない。ほかの事例に目を向ければ非常に異なるものが「ゲーム」と呼ばれているのに気づく。仮に類似性による統一が成立しているように見えたとしてもそれは唯一の統一の仕方ではない、統一の仕方はほかにもあるとウィトゲンシュタインなら言うだろう。

しかしアリストテレスもすべての事例に共通する特徴があると主張しているわけではない。快楽ゆえの愛には有用性はないし逆も然りである(14)。いくつかの種類の類似性(快楽と有用性)があるという点でもウィトゲンシュタインと変わらない。ただ徳ゆえの愛には快楽ゆえの愛にも有用性ゆえの愛にもない特徴(永続性)があると言っているだけである。「家族的類似性」と「類似性による統一」は矛盾なく両立する。

ウィトゲンシュタインの功績は境界例に正当な地位を与えたことである。アリストテレスは快楽ゆえの愛も有用性ゆえの愛も徳ゆえの愛との類似性に即して愛と言われると認めたが、境界例というのは範例との違いを強調され無視されがちである。ウィトゲンシュタインは「再強調的(re-emphatic)」定義について論じている。ウィトゲンシュタインの講義を受けていたスティーヴンソンが『倫理と言語』(15)で紹介している(EL, ch. 13, sec. 3)。具体例を挙げるのが一番よいだろう。家事労働は労働か？　給料が出ないという違いがあるが、社会に貢献しているという類似点はあるだろう。言語ゲームはゲームか？　規則に従っているという類似点があるが、多くは楽しくもないし勝ち負けもない。Eスポーツはスポーツか？　大会があり巨額の金が動くという類似点があるが、ほとんど体を動かさない。それぞれ暗に範例が想定されているが(たとえば労働の範例は賃労働)、範例との類似点を強調したいときは語を広い意味で(16)使い、違いを強調したいときは語を狭い意味で使う。広い意味では家事労働も労働であり、言語ゲームもゲームである。

このようにウィトゲンシュタインの「家族的類似性」には類似性による統一を突き崩すだけの力はないが、言葉の無視されがちな側面を強調するために手元に置いておくのがよいだろう。

3 「分析家」と「道徳家」——スティーヴンソン

メタ倫理学者のチャールズ・スティーヴンソンは倫理語の多義性と曖昧さを踏まえて「分析家(analyst)」と「道徳家(moralist)」の役割と領分について論じている(17)。倫理語は多義的かつ曖昧であり、分析家は語に割り当てられうる意味の範囲を示す以上のことはできない(18)、それ以上は、すなわち可能な意味の中から一つの意味を「真の意味」として選び出すのは分析家ではなく道徳家の役割だというわけである。スティーヴンソンは言う。「一般的用法に関する限り、分析家は語が受け入れ可能な意味の範囲を示す以上のことはできない。」(EL, p. 221)「一つの意味を「真の」意味として選ぶ人たちは道徳家として深く重大な影響を及ぼすかもしれないが、彼らはその時点で分析家であることをやめている。」(EL, p. 222) どういうことか?

まず「道徳家」の定義について。スティーヴンソンは道徳家を「態度に影響を与えようとする人 (one who endeavors to influence attitudes)」(EL, p. 243) と簡潔に定義しているが、この定義を理解するにはスティーヴンソンの理論全体をおおよそであれ知っていなくてはならない。まず倫理語と呼ばれるものがあることは誰も否定しないだろう。「善」と「悪」、「正義」と「平等」、「勇敢」と「誠実」のような語が倫理に関連する語(「倫理語」)であることも。行為であれその他なんであれあるものが善いか悪いかを議論する倫理的議論というものが存在することも誰も否定しないだろう。スティーヴンソンによると倫理的議論は態度の不一致を解消することを目指している (EL, p. 14)。倫理語には話し手の態度を表明するのに使われる傾向と聞き手の態度を呼び起こす傾向がある (EL, ch. 3, esp. pp. 57, 59–60)。道徳家は関連する事実を指摘して相手の信念を変えることを通して相手の態度を変える合理的方法からそのような事実の摘示をともなわないで言葉の情動的効果で相手の態度に直接働きかける非合理的方法まであらゆる手を使って相手の態度を変えようとする (EL, chs. 5–6)。これだと相手の態度を変えるためならどんな手段を使うことも正当化されそうだが、方法自体の善し悪しも倫理的議論の対象になる (EL, p. 159)。

スティーヴンソンが「分析家」を直接定義している箇所はないが、「分析家」とは言葉の造りからして分析をする者のことである。スティーヴンソンのテキストからは分析には二つの制約があることが窺われる。第一に分析家とは概念の分析をする者であり、概念の性質が分析の限界を画定し、したがってまた分析家の役割に上限を設ける。倫理語は多義的かつ曖昧であり、分析家は一つの定義を与えて分析を終えることはできない (EL, p. 84. See also pp. 36, 206)。スティーヴンソンは言葉が常に一つの意味で使われ、分析家はその一つの意味を発見することができるという考えを「一つの、たった一つの真の意味という迷信 (One-And-Only-One-True-Meaning superstition)」(EL, p. 84) と呼んで批判する。分析家にできるのは言葉がいかに多様な使われ方をするか、いかに多くの意味を持ちうるかを、さまざまな用法や定義を挙げて示すことだけである (EL, pp. 36, 84, 221)。第二に、分析とは一般に中立的な営みと考えられるが、それはスティーヴンソンにおいても同様である (EL, pp. 1, 210)。倫理語には聞き手の態度を呼び起こす傾向があるから、中立を保つためにも、分析家は複数の定義を挙げる以上のことはできないのだと解釈できる(EL, pp. 210, 219–222)。

分析家と道徳家の区別に関連して「意味する(mean)」ことと「連想させる(suggest)」ことの違いにも触れておくのがよいだろう。スティーヴンソンは「アスリート」という言葉を使ってこの違いを説明する(EL, p. 69)。たとえば「ヒロシは一流のアスリートだ」と聞けばヒロシががっしりとした体型の背の高い男性だと思うかもしれないが、明らかに「アスリート」という言葉は「がっしりとした体型」も「背が高いこと」も意味しない。それらはただ連想されただけだ。あるいはスティーヴンソンが挙げている例ではないが、「タケシは独身だ」と聞けばタケシが女にモテそうにないさえない風貌の男だと思うかもしれないが、明らかに「独身」という言葉は「結婚していない」以上のことを意味しない。風貌についての考えは連想されただけだ。倫理語の特徴はそれが何を意味し何を連想させたのかその区別さえつかないほど曖昧だということだ(EL, pp. 85–87, 206)。たとえば医者にはれ物を「悪いものではない」と言われた場合、死に至るものではないと思うだろうが、このとき「悪い」という語が「死に至る」ことを意味したのかそれとも単に語からそういう考えが連想されただけなのか不明である。このように倫理語は意味することと連想させることの区別が曖昧だからこそ道徳家は「善とは〜」、「悪とは〜」とさまざまな意味を割り当てられるのである(EL, pp. 85–87, 209, 210)。もちろん道徳家が割り当てるのは可能な意味の一つであって、可能な意味の中から一つの意味を選んで倫理語に割り当てるからこそその定義は中立的ではなく「説得的」(EL, pp. 210, 222)だと言われるのである。

このようなことは絵空事ではない。ウォルツァーは「平等」が再解釈される過程を描写している。長くなるが重要なので引用する。

フランス革命の活動家たちにとって平等は、たとえば法の下の平等、才能に開かれた職業、等々を指し示していた。平等は、富や官職を求める競争の条件を描き出す(と同時に隠蔽する)ものなのだった。〔これに対してブルジョア思想の〕ラディカルな批判者たちは、そうした平等がもつ限界を「暴露する」ことに喜びを見いだした。すなわち〔ブルジョア思想における「平等」は〕、アナトール・フランスが皮肉ったように、万人に対してパリの橋の下で眠る平等な権利を保障するにすぎない、というのである。しかし、平等という語はもっと広い意味を有しており(それがなければ、これほど役には立たなかったろう)、支配的なイデオロギーの内部では付随的な意義しか与えられていないけれども、しかし支配的なイデオロギーからも決して削除されてはいない。右のより広い意味は、グラムシの言葉を使うならば、「譲歩的な」性格をもっている。そうした広義の平等という語をもって、あるいはそれを通じて、中産階級は下層階級が抱く切実な望みに訴えかけるような素振りを見せる。……(中略)……批判者は広義の平等を活用するが、この広い意味は日常経験にきちんと反映されているようなものでなくて、むしろそこでは軽視されていることが多い。批判者は、もともと資本主義の擁護論で使われていた主要概念のひとつを練り上げることによって、資本主義の実践を非難する。批判者は支配層に対して、おかかえ芸術家が描くところの理想化された資本主義像を示し、そうして権力と抑圧という生々しい現実を突きつける。むしろもっとうまい言い方を使うならば、批判者は社会の理想化された描像と社会の生々しい現実とに解釈を加える。というのも、理想的な描写も現実もそれほど素直にその意味を開示してくれはしないから。平等はブルジョアジーによる再編成の標語であるけれども、解釈し直された平等は(グラムシの把握するところ)プロレタリアートによる結集のスローガンともなるのである。(19)

「平等」と聞いて誰も競争に敗れた人たちが橋の下で野宿をしている光景を思い浮かべはしないだろうが、「平等」が「法の下の平等」と「才能に応じて職業が開かれていること」を意味するだけなら、そのような光景も「平等」の名の下に起こりうる事態である。しかし、「平等」と聞いて人々は結果においてもある程度は平等な状態を思い浮かべるだろう(それはウォルツァーが言うところの「おかかえ芸術家が描くところの理想化された資本主義像」に由来するのだろうが)。だからこそ、平等という概念は「再解釈」が可能なのであり、マルクス主義者たちにも利用されえたのである。橋の下の惨状を見た彼らは言ったことだろう。「こんなの真の平等じゃない!真の平等とは云々。」

このように、倫理の歴史においてはときに既存の概念を再解釈することで革命が企てられる。「法の下で平等に扱われること」も「才能に応じて職業が開かれていること」も十九世紀において既に「平等」の意味として受け入れられていただろうが、当時のマルクス主義者たちは既存の意味とは違った意味を「平等」という語に与えようとしたのである。もちろん「平等」という語には記述的な意味だけでなくスティーヴンソンが言うところの「情動的意味」(話し手の態度を表明するのに使われる傾向と聞き手の態度を呼び起こす傾向）がある。それだからそれは「結集のスローガン」となりうるのである。

以上で、なぜ分析家は語に割り当てられうる意味の範囲を示す以上のことはできないのか、なぜ一つの意味を「真の」意味として選んだ時点で分析家であることをやめて道徳家になっていると言えるのか明らかになったと思う。それがなんであれマルクス主義的な意味で「平等」という語を使うのは革命に参加することだし、「平等」という語を旧来の意味で（のみ）使うのも革命に反対することである。革新派と保守派の違いはあれどどちらも道徳家である。革新派は人々の態度に影響を与えようとし、保守派は革新派の影響力を削ごうとしている。分析家が中立を保とうとする限り、「平等」という語はマルクス主義者の意味でもブルジョアの意味でも使われる、と言うことしかできないということになる。

注

（1）池田喬『ハイデガー『存在と時間』を解き明かす』NHK出版、二〇二一年、六〇―六二頁。

（2）ハイデガー『存在と時間Ⅰ』原佑／渡邊二郎訳、中央公論新社、二〇〇三年、九頁。

（3）茶谷直人「アリストテレスにおけるアナロギアの諸相」、『愛知』二十七巻、神戸大学哲学懇話会編、二〇一五年。

（4）アリストテレス『ニコマコス倫理学（上）』高田三郎訳、岩波書店、二〇〇九年、三三二頁。

（5）以下、アリストテレスの『形而上学』からの引用はすべて岩波書店岩波文庫に収められている出隆訳（上巻一九五九年、下巻一九六一年）からである。

なお出は δύναμις を「デュナミス」と表記しているが、今日では「ディナミス」のほうが一般的だと思うので、訳文中に「デュナミス」とあるのはすべて「ディナミス」に改めた。「ディナスタイ」、「ディナトン」、「アディナトン」などの派生語も同様にした。なお訳文中の〔　〕は出によるものである。

（6）アリストテレス『ニコマコス倫理学（下）』高田三郎訳、岩波書店、二〇〇九年、第八巻訳注二一。強調引用者。以下『ニコマコス倫理学（下）』はこの版を指す。

（7）"Simile." *Merriam-Webster.com Dictionary*, Merriam-Webster, https://www.merriam-webster.com/dictionary/simile. Accessed 27 Oct. 2021.

（8）Jellyfish の例は次の本から取った。John Wilson, Thinking with Concepts, Cambridge: Cambridge University Press, 1963, p. 26.

（9）『ニコマコス倫理学（下）』、九八―九九頁。

（10）同、一〇七頁。九四、九六頁も見よ。

（11）『形而上学（上）』、一八七頁。

なお訳文には「類推的転意」の前に「これの」があったが、英訳（David Ross 訳、Hugh Tredennic 訳）と照合した結果訳者により加えられたものと判断し削除した。

（12）筆者はギリシア語はまったく読めないので「第一義的な」（『ニコマコス倫理学（下）』九九頁）愛と「第一義でのディナミス」（『形而上学（下）』二一頁）の「第一義」が同じ語なのかわからないが、訳語に従った。「派生的な意味」は「派生名的」からの連想である（「カテゴリー論」、『アリストテレス全集（一）』中畑正志訳、岩波書店、二〇一三年、一二頁）。

(13) ウィトゲンシュタイン『哲学探究』鬼界彰夫訳、講談社、二〇二〇年、七五頁。

(14) 快楽ゆえの愛と有用性ゆえの愛を同一の人に対して持つことは少ないとされる。『ニコマコス倫理学（下）』九九頁参照。一〇五—一〇六頁も参照。

(15) C. L. Stevenson, Ethics and Language, New Haven: Yale University Press, 1944. 以下ELと略記。

(16) 先ほどのアリストテレスとは違う意味での「広い意味」である。前節までの議論を踏まえるならむしろ「比喩的な意味」である。

(17) 本稿のタイトルは「言葉の多義性の哲学入門」だが、スティーヴンソン自身は言葉の「多義性（ambiguity）」と「曖昧さ（vagueness）」とを区別している（EL, pp. 34f）。たとえば、「枕（まくら）」という語は「寝具」も「話の前置き」（『デジタル大辞泉』）も意味するが、「枕」という語がそのどちらも意味するのははっきりとわかる。これが多義性である。これに対して、「赤」という語がスペクトル上でどこからどこまでを指すのかは不明である（赤と黄色の間には赤いとも赤くないとも言えるオレンジがかった領域がある）。これが曖昧さである。

(18) 範囲の境界自体が曖昧だからそれすらも正確にはできないとされる（EL. p. 221. See also p. 208）。

(19) マイケル・ウォルツァー『解釈としての社会批判』大川正彦／川本隆史訳、筑摩書房、二〇一四年、七五—七八頁。

（まえだ　なおと）

プルーストにおける印象としての時間

酒井　剛

一

プルースト『失われた時を求めて』において語られる時間は「印象」としての時間である。彼における印象とは、わたしと事物（あるいは他者）が出会うたびにそれらの「意味（sens, signification）」を新たに創造する作用である(1)。われわれの日常的経験における諸事物の意味は概念として固定されている。たとえば万年筆の概念的意味は「紙に文字等を書くための道具」であり、サンザシは「バラ科サンザシ属の落葉樹」であり、アルベルチーヌは「下層ブルジョワのあまり裕福ではない娘」である。事物のこのような概念的意味は基本的に変化することなく同一であり続ける。一方プルーストは知覚から以上のような概念を取り除き、この概念の下にある印象の層を露わにしようとする(2)。この印象において諸事物の意味は波のように揺れ動き続けている。『失われた時を求めて』の語り手はバルベックやパリ等でアルベルチーヌと出会いを重ねる。彼が出会ったアルベルチーヌはある時は「身持ちのよくない娘」（II, 151）であり、ある時は「貞淑な女性」（II, 292）であり、ある時は「粗野な娘」（II, 231）であり、ある時は「礼儀正しい女性」（II, 231）であり、ある時はベッドの上で戯れる「牝猫」（III, 585）であり、ある時は一つの「芸術作品」（III, 884）である。このように印象におけるアルベルチーヌは語り手と会うたびにその意味を変化させる。ではプルーストにおける意味とは何であるのか。彼における意味とは全体的関係性のことである。プルーストによればある事物の意味はそれだけで単独で成立しているものではなく、つねにあらゆる事物との関係の中で成立している。ここで言う

「あらゆる事物」とはわたしの全ての過去、現在、未来におけるる事物のことであり、一つの事物の意味の成立にはわたしの全時間における事物が関与している。印象とはこのような諸事物の全時間的な関係をその都度創造する作用である。本論文の目的は、『失われた時を求めて』の記述を手がかりに以上のような印象としての時間がいかなるものであるのかを明らかにすることである。

二

本節では、プルーストにおける印象の特質を以下に箇条書きで書き出していくことにしたい。まず第一に、彼における印象とはわたしと事物が出会うたびにありとあらゆる方向に向かって引かれる無数の線である。『失われた時を求めて』において、この線はしばしば視線というかたちで比喩的に表現されている。たとえばペルスピエ医師の娘の結婚式で語り手とゲルマント公爵夫人が邂逅する場面では、参列者たちの視線がゲルマント夫人へと集中し、同時に夫人もこの参列者たちに自らの視線を与え返す（I, 174–176; IV, 600）。またブローニュの森を散歩するオデットは周囲の男たちの注目を集め、同時に彼女もこの男たちに目配せを返す（I, 411–413）。さらに劇場のボックス席にいるゲルマント大公妃も椅子席にいる者たちの視線を集める（II, 341–342）等々(3)。印象におけるゲルマント公爵夫人は周囲の諸事物から夫人へと引かれた何本もの線であり、同様にオデットやゲルマント大公妃も周囲の諸事物から彼女たちへと引かれた線である。通常われわれは諸事物をそれぞれ独立して存在する個体と見做している。しかし印象においてはこのような個体は存在せず、ただ事物と事物の間に引かれた線（あるいは事物と事物の間を往還し続ける作用）のみが存在する。この線上で、諸事物はそれぞれの境界を喪失して相互に浸透し合い融合し合っている。たとえば語り手がバルベックで見た太陽の光は海の水の色が浸透した緑色をしている（II, 34）。また葡萄畑の上にそびえ立つサン゠ティレールの鐘塔は葡萄の色に近い緋色をしている（I, 62）。さらに山間の小さな駅で出会った牛乳売りの少女の中に周囲の山や渓谷が浸透して彼女に土地の野生の魅力を付与し、他方で牛乳売りの少女が山や渓谷の中に入り込んでこれらのものに彼女の魅力を与え返す（II, 17）等々。エルスチールは諸事物の境界が消え去ったヴェネツィアの風景について以下のように述べている。「どこで陸が終わり、どこから海が始まるのか、どこがまだ宮殿なのか、あるいはもう船なのか、見当もつかない有様です……。」(II, 252)

第二に、印象はわたしと事物が出会うたびに「場所

(lieu, place)」を形成する。たとえば語り手はブローニュの森でオデットと出会い、これにより彼女に視線を送る周囲の男たちや森の木々からオデットへと向けて何本もの線が引かれる。と同時に不意に彼女のそばを通り過ぎたコクランにも周囲の諸事物から線が引かれ、コクラン以外の男たち一人一人にもそれぞれ周囲の諸事物から線が引かれ、さらには森の一本一本の木々にも周囲の諸事物から線が引かれ、これらの線が網の目のように幾重にも交錯し合いながら語り手とオデットが出会ったブローニュの森という場所を織り上げていく。「相互に絡み合い豊かに織り上げられた印象……。」(II, 642) すでに見た通り、以上の印象の線上で諸事物はそれぞれの境界を喪失して相互に浸透し合い融合し合っている。だがそれと同時に、この印象の線上で諸事物はお互いを反照し合いながら各々の意味を成立させる。たとえば語り手は、バルベックのホテル前の堤防におけるアルベルチーヌたちとの邂逅の印象を以下のように語っている。

その時、堤防のはるか向こうから奇妙な一つの斑点がうごめくように五、六人の少女たちがこちらに進んで来るのが見えた。その外見といい物腰といい、バルベックで見慣れたどんな人たちとも異なっており、どこからともなく降り立ったカモメの群が浜辺をよちよちと散策しているといった風情であり――遅れた二、三羽は翼をばたつかせながらまた前の者に追いつくのだった――その散歩の目的は彼女たちが目もくれないように見える他の海水浴客たちにとってこそ曖昧だが、この鳥たちの心にははっきりと定められているように思われた……／時刻は堤防を毎日一巡りする紳士淑女たちが柄付き眼鏡から発する容赦ない光に照らし出される頃で、何か欠点がないか些細なことまで点検しないでは気が済まないと柄付き眼鏡を握り締めているのは裁判所長夫人である。……紳士淑女たちはみな堤防の上を歩きながら船の甲板を歩くみたいに身体を揺らしていて……、無関心を装い横を歩く人や反対方向からやって来る人など目に入らないふりをしているが、それでいてこっそりと見て衝突しないように気をつけている……／堤防の上を光輝く彗星のように一団で進んでくる少女たちは、辺りの群衆は別の種属の人間から構成されていてそんな人間の苦しみは自分たちの同情を呼び覚ますことはないと考えているのか、群衆には目もくれず、立ち止まる人たちに無理矢理道をあけさせ、……たとえば彼女たちにはその存在が赦しがたく触れるのも汚らわしい老紳士がびくびくしたりいらいらしたりした挙句あたふたと珍妙な格好で逃げ惑っても、せいぜい顔を見合わせて笑うにとどめていた。……老銀行家の頭の上にある楽隊のステージが恰好のスプリングボードとなっていたせいか、それを目がけてためらうことなく小集団の一番年かさの少女が走り出した。少女がたじろぐ老人の上を跳び越えた時、その俊敏な両足は老人の海軍士官帽をかすめた……。(II, 146－150)

語り手がアルベルチーヌたちと出会うことにより彼女たちとその周囲の諸事物の間に何本もの線が引かれ、この線上で彼女たちはそれらの事物とお互いを反照し合いながら自分たちの意味を成立させる。語り手がこの時出会ったアルベルチーヌたちはどこからともなく降り立った「カモメ」である。この「カモメ」としての彼女たちにはまず海が関係づけられており、両者はお互いを反映し合いながら一方では「カモメ」、他方では「海」という意味を成立させる。また「カモメ」としてのアルベルチーヌたちは堤防上の紳士淑女たち一人一人にも対応している。少女たちのうちの一人(アンドレ)は、老銀行家の頭の上をカモメのように鮮やかに跳び越す。また裁判所長夫人は、双眼鏡で鳥を観察するように柄付き眼鏡でアルベルチーヌたちを監視する。ある老紳士は、アルベルチーヌたちにびくびくしたりいらいらしたりした挙句珍妙な格好で逃げ出す。アルベルチーヌたちが陽気ではた迷惑な「カモメ」であるのに対して、堤防上の紳士淑女たちはこのカモメたちの出現に困惑している「人間」である。さらにアルベルチーヌたちの「カモメ」という意味は彼女たちと紳士淑女たちとの対比によっても補強される。「紳士淑女たちの中には歩きながら思考する人もいて、その思考の動きの外部への現れであるぎくしゃくとした身振りやさ迷う視線は、すれ違う者たちの用心深いよろよろとした足取りと同様に調和を欠いていた。ところがわたしが先程見かけた少女たちはこの上なくしなやかな身体をして仕草はとても滑らかで、……何のためらいやぎこちなさもなく紳士淑女たちの間をまっすぐに進んでくる。」(II, 147) 堤防を散策する紳士淑女たちの足取りはぎくしゃくとしてよろめいている。これに対してアルベルチーヌたちの足取りは鳥のようにぎこちなさがなく自然である。このようにアルベルチーヌたちの「カモメ」という意味は、彼女たちとその周囲の諸事物との相互反照関係において成立しているものである(4)。

またわれわれは上述の場面において、アルベルチーヌたち以外の諸事物も彼女たちと同様にしてそれぞれの意味を成立させているのを認める。たとえば裁判所長夫人が柄付き眼鏡で監視しているのはアルベルチーヌたちだけでなく、堤防を散策する全ての紳士淑女たちが夫人の監視対象となっている。さらに裁判所長夫人には海も関係づけられており、この海および彼女以外の全ての紳士淑女たちとの関係において裁判所長夫人は「船のブリッジで周囲を監視している船員」である。また堤防を散策する紳士淑女たちの足取りがぎくしゃくとしてよろめいているのは、各人が自分以外の全ての群集に視線を向けているからである。これらの群衆とさらに海との関係において堤防を散策する紳士淑女たちは「船の甲板をよろめき歩く船客」である等々。こうして上述の場面においてアルベルチーヌたちは自分たち以外の全てのものとの関係において「カモメ」という意味を成立させ、裁判所長夫人も自分以外の全てのものとの関係において「ブリッジの船員」という意味を成立させ、さらに堤防を散策する紳士淑女たちも自分たち以外の全てのものとの関係において「甲板をよろめき歩く船客」という意味を成立させる。語り手とアルベルチーヌたちが出会ったバルベックのホテル前の堤防においては、このような諸事物がお互いの意味を反映し合う一つの意味の系が成立している。印象は諸事物を相互に浸透・融合させると同時に差異化する。既述した通り印象とはそこにおいて諸事物が相互に浸透・融合し合う線であり、この線は幾重にも交錯し合い絡み合いながらその都度ブローニュの森やバルベックのホテル前の堤防といった場所を織り上げる。と同時にこの線は諸事物を差異化する作用でもあり、諸々の線が一点で交差する地点ごとにそれぞれの事物が差異化され、これらの事物はお互いを反照し合いながら各々の意味を成立させる。印象とはこのようにしてわたしと事物が出会った場所・意味の系をその都度創造する作用である。

以上に加え第三に、印象は幸福、不安、高揚、憂鬱、喜び、絶望といったその都度のわたしの気分と密接に結びついている。たとえば語り手はある日マドレーヌと紅茶を口にし、不意に強烈な喜びに襲われる（I, 44）。また彼はスワン家の庭でジルベルトと邂逅し、不安の気分を喚起される（I, 139）。さらに語り手はバルベックのホテル前の堤防でアルベルチーヌたちと出会い、幸福の気分を呼び起こされる（II, 152）等々。プルーストにおけるこれらの気分の最も顕著な特徴は、それが特定の事物によって惹起されたものではないということである。たとえば語り手はマドレーヌの場面で以下のように述べている。「この強烈な喜びはいったいどこからやって来たのだろう？　この喜びは紅茶やお菓子の味覚に関係があるようだが、しかしそんな味覚をはるかに超えており、それと同じ性質のものではないと感じられた。この喜びはいったいどこからやって来たのだろう？」(I, 44）語り手によればこの時彼の喜びを喚起したものはマドレーヌや紅茶といった個々の事物ではない。

そうではなく、これらを口にすることにより語り手の意識の奥底で形成されたレオニ叔母の部屋という場所・意味の系が彼の喜びを生み出したのである。またバルベックで語り手に幸福を覚えさせたものもアルベルチーヌたちではなく、彼女たちと邂逅することにより開示された「目の前に広がる空間」(II, 152) である。このように印象においては、わたしと事物が出会い無数の線によって場所が織り上げられるたびにこの場所によってわたしの気分が喚起される。と同時に、この気分は様々な方向に向かう印象の線上を拡大していって場所全体を満たし、この場所に属する全ての事物にわたしの気分と対応した意味を付与する。語り手はある日ルーサンヴィルの田舎娘(5)と遭遇し、興奮（高揚）の気分を呼び起こされる。この興奮がルーサンヴィルの村や森の木々や鐘塔等に「望ましいもの」(I, 154) という意味を与える。印象において諸事物が相互に反照し合いながら各々の意味を成立させることはすでに述べたが、これらの事物の意味は同時にわたしの気分も反映している。印象は以上のようにしてその時々のわたしの気分と不可分に結びついている(6)。

三

既述した通り、われわれの日常的経験における諸事物の意味は概念として固定されている。この概念によってわたしはつねに同一のわたしであり、アルベルチーヌもまた同一人物であり続ける。一方印象においてはわたしと事物が出会うたびに新たな場所・意味の系が形成され、新たな場所・系が形成されるたびに諸事物は周囲のものとの関係に従ってその意味を変化させる。周囲にいる者が堤防を散策する紳士淑女たちであればアルベルチーヌは陽気な「カモメ」となり、赤ら顔をしたイギリス人家庭教師が近くにいればアルベルチーヌは「従順そうな子ども」(II, 185) となり、パリの語り手の家では彼女は室内を装飾する「芸術作品」となる。またアルベルチーヌだけでなく周囲の諸事物も同様にして各々の意味を変え続けている。わたしと事物が出会うたびに形成される場所・意味の系においては、あらゆる事物が縦横に引かれた線によって一つながりになっており、このためここでは一つの事物の意味が変化するたびにこれと連動して全ての事物の意味が変化する。この変化は例外を残さない全面的な変化であり、その都度形成されるある意味の系と別の意味の系はいかなる共通の要素も持っていない。これらの意味の系はどこまでも不均一であり、非連続的である。プルースト自身の言葉を用いるなら、諸々の意味の系は同一平面上にはなくそれぞれ別の平面上にあり、一つの意味の系をどこまで延長させていったとしてもこの系は他の系と隣接することも重なることもない。これらの系の間には乗り越えることのできない絶対的な「距離」が挿入されており、諸々の意味の系はこの距離によって相互に隔てられている(7)。「とりわけわたしがメゼグリーズの方とゲルマントの方の間に設けていたのは、キロ数で表された現実の距離以上の距離、二つの方を思い浮かべる際に頭の中の二つの部分に存在する距離であり、両者を遠ざけるだけでなく区別して別の平面に置く精神上の距離だった。」(I, 133)

しかしその一方で、それぞれの意味の系は他の系から切り離されて孤立しているわけではない。たとえば語り手は、かつてコンブレーの家を訪ねてきたスワンとその後パリで再会したスワンについて以下のように述べている。

……ジルベルトと再会してからというもの、スワンはわたしにはとりわけジルベルトの父親であってもはやコンブレーのスワンではなかった。今のわたしが彼の名を結びつける観念は、かつて彼の名を含んでいた関係の網目構造〔意味の系〕における彼の観念とは異なっており、スワンのことを考えなければならない時にはもはや彼の昔の観念は決して用いず、彼は別の新たな人物になっていた。それでもわたしはわざわざ一本の補助線、横断線を引いて、スワンを我が家の訪問客であった彼に結びつけた。(I, 400)

かつてコンブレーの家を訪ねてきたスワンは語り手一家やコンブレーの住人たちとの関係において「息子スワン」(I, 14–17)であり、またパリで再会したスワンはジルベルトや彼女の遊び友達や青い羽根飾りをつけた家庭教師らとの関係において「ジルベルトの父親」である。既述した通り、これらのスワンが帰属している二つの意味の系は両者の間に挿入されている距離によって相互に隔てられている(「……スワンは別の新たな人物になっていた」)。だがそれと同時に語り手は、これらの意味の系の間には一本の「横断線」が引かれているとも述べている。横断線とは系と系を相互に浸透・融合させつつ差異化する線のことであり、この横断線によって上記の二つの意味の系は差異化されつつ一つに結びつけられている。その際、系と系の間にこのような横断線を引くことを可能にしているものは感覚の「類似(analogie, 類推)」(IV, 450)である。たとえばコンブレーのスワン(「息子スワン」)とパリのスワン(「ジルベルトの父親」)の間に横断線を引くことを可能にしているものは、これらのスワンの外見およびしきりに目や鼻をぬぐう癖の類似である。また湿った黴臭いにおいの類似によりシャン＝ゼリゼの公衆便所とアドルフ大叔父の家が横断線によって結びつけられ（I, 483, 485）、糊のかかったナプキンの硬さの類似によりゲルマント大公邸の図書室とバルベックのホテルの部屋の連関が成立し（IV, 447）、さらに名の音韻の類似がヴィルパリジ夫人のサロンのファッフェンハイム＝ミュンスターブルク＝ヴァイニンゲン大公と語り手がかつて祖母と逗留したドイツの湯治町とを結びつける（II, 553）等々。「……わたしの内部にわたしを取り巻く小さな区域を照らし出す感覚があり……、それはわたしが今いる場所とともにもう一つの場所にも共通したものだった……。」(IV, 452)

諸々の意味の系は以上のようにして横断線によって連関し合いながら、それぞれの系における事物の意味を反照し合っている。たとえば『失われた時を求めて』の中に以下のような場面がある。語り手はある日ゲルマント公爵邸を訪問し、同邸の中庭でのシャルリュスとジュピアンの衝撃的な邂逅を目撃する。シャルリュスたちは一通りのやり取りを交わした後、ジュピアンの店の中へと入っていく。これを見た語り手も店のほうに移動するが、その際彼は安全な地下室を通ってではなくだれかに見咎められる危険がある中庭の壁づたいに店へと向かう。語り手はこの時の自分の行動について以下のように述べている。

……第一に、わたしは気がせいていたからだろう。第二に、ヴァントゥイユ嬢の窓の前で身を隠して目撃したあのモンジュヴァンの場面をぼんやりと思い出していたからかもしれない。事実、わたしが目撃したこの種の事柄が演じられる際にはひどく慎重さを欠いた突拍子もない状況になるのを特徴としたので、幾分かは人目を避け身を隠しているにせよ、危険に満ちた行為を行って初めてその報酬としてこのような秘密が暴露されるように思われた。最後に、……きっと無意識のうちにこの第三の理由が決定的な役割を果したのだと思う。サン＝ルーの軍事原則を追認するためにボーア戦争を詳細に検討してからというもの……、わたしは昔の探検物語や旅行記を読み返すようになっていた。こうした物語に夢中になっていたわたしは、その物語を日常生活に当て嵌めて殊更に勇気を奮い立たせようとしたらしい。(III, 9–10)

語り手がシャルリュスとジュピアンの邂逅を目撃したゲルマント公爵邸の中庭には、語り手がかつてヴァントゥイユ嬢の情事を覗き見したモンジュヴァンおよび探検物語等のテクストの意味の系が横断線によって結びつけられており、語り手は中庭のシャルリュスたちを目にしながらモンジュヴァンや探検物語を潜在的に思い描いている。これらの意味の系の連関を可能にしているものは冒険的な状況の類似であり、モンジュヴァンや探検物語は一方では語り手の勇気の気分を喚起し、他方で彼はそれらに「危険を冒さなければ報酬を得られない」という意味を読み取る。またモンジュヴァンのヴァントゥイユ嬢は同性愛的行為の類似によって中庭のシャルリュスにも結びつけられており、シャルリュスとヴァントゥイユ嬢はお互いを反照し合いながら一方では「男性の同性愛者」、他方では「女性の同性愛者」という意味を成立させる(8)。さらにこの時のシャルリュスには語り手が以前別の場所で出会った過去のシャルリュスも関係づけられている。シャルリュスはかつてスワン家の庭で語り手のことを顔からとび出しそうな目で見つめ(I, 140)、バルベックの浜辺では馴れ馴れしい態度で語り手に声をかけその身体に触り(II, 125–126)、さらに語り手がシャルリュスの屋敷を訪問した際には語り手に侮辱的な言葉を浴びせた(II, 842–849)。シャルリュスのこれらの行動はこれまでは「不審な行動」、「無礼な行動」という意味しか持たなかった。しかし語り手がシャルリュスとジュピアンの邂逅を目撃することにより、シャルリュスのそれらの行動に新たな意味が付与される。「蒙を啓かれたわたしの目には、この場面の最初からシャルリュス氏においてあたかも彼が魔法の杖で打たれたかのように突然完全な革命が起こったように見えた……。」(III, 15) ゲルマント公爵邸の中庭とモンジュヴァン、探検物語等は以上のように連関してお互いを反照し合いながら、一方では「現在」、他方では「過去」という意味を成立させる。時間とは、このようにその都度新たな意味の系を形成して「現在」と「過去」という意味を産出する作用である。

横断線によって現在の意味の系と連関している過去の意味の系をわたしは想起によって呼び出すことができる。そしてこの過去の意味の系もふたたび横断線によって他の諸々の系と連関している。語り手の思い出の中のコンブレーの教会には町の様々な区画や周辺の町、エステルのタピスリーの意味の系、パリのサン＝トーギュスタン教会、バルベック等が横断線によって結びつけられている。またバルベックはエルスチールのアトリエ、コンブレーの語り手の家、パリのスワン家、ドンシエール、ヴィルパリジ夫人のサロン等と連関している。さらにヴィルパリジ夫人のサロンはルグランダンの家、ゲルマント公爵領、メーテルリンクの『七人の王女たち』の意味の系、オデットのサロン、ドイツの湯治町等へと連絡している。それぞれの意味の系は以上のようにして横断線によって他の諸々の系と連関し、この諸々の系もふたたび横断線によって他の諸々の系と連関し、このような系の連鎖がどこまでも続いていく。意味の系の連鎖は一つの中心や一本の幹線を持つことなくひたすら分散と複線化を繰り返し、時にそれは思いもよらない系と系の結合を作り出し、時にそれは果てしない堂々巡りを繰り返す。また事物や系から伸びていく横断線は時に未来、すなわちいまだ分節化されていない未知の意味の系へと通じている。たとえば語り手の祖父はある日新聞で、スワンが某公爵邸で催される午餐会の常連であるという記事を読む（I, 20–21）。この記事は語り手の祖父が気づいていないスワンの未知の意味、すなわちパリ伯爵や英国皇太子の友人である「社交界の寵児」としてのスワンへと通じている。また語り手と同棲しているアルベルチーヌはある晩部屋の窓を乱暴に開け放って語り手を驚かせる（III, 903）。彼女のこの行動は語り手とアルベルチーヌの同棲生活の結末、すなわち彼女が近いうちに語り手を捨ててボンタン夫妻の家へと去っていくことを告げている。さらに、ゲルマント大公邸で語り手は自らのうちに未知のシーニュ(9)で書かれた書物（「無意志的記憶」）を見出す（IV, 458）。この書物は彼が近い将来書き始めることになる本の内容を予告している等々。諸々の意味の系は以上のようにして横断線によって連関し合いながら、一つの巨大な迷路を形成している。

夕方になると、わたしは魔法にかけられたようなヴェネツィアの町の中に一人で出かけていく。……行き当たりばったりに歩いていくうちに、たいていの場合どんなガイドブックや旅行者も触れていない未知の広々とした広場を見つけるのだった。わたしは網の目のような小路、路地（calli）に入り込んでいった……。びっしりと張り巡らされたこれらの路地は、運河と潟に挟まれて切り取られたヴェネツィアの一区画を細い筋で縦横に分割しており、あたかもこの一区画が無数の細い小片に結晶したかのようである。不意に、こうした小さな道の突き当たりで結晶した物質が膨張を起こしたらしい。この道の作る網の目において、こんな立派なものはおろかその場所もとうていあろうとは思われないほどの広さの堂々たる広場（campo）が、素晴らしい宮殿に囲まれ月の光に蒼白く映えてわたしの前に広がっていた。いくつもの建物を一ヶ所に集めたこのような場所は、他の町であれば何本もの通りがその方向へと走っていきその場所を指し示しながら人を導いていくところである。しかしこの町ではわざわざ入り組んだ小路の間に隠されているように見える。（IV, 229–230）

時間とは、わたしと事物が出会うたびにありとあらゆる方向に向かって引かれる無数の線である。これらの線は相互に交錯し合い絡み合いながらわたしと事物が出会った場所・意味の系を織り上げ、同時にこの場所・系に他の諸々の場所・系を結びつけて巨大な時間の迷宮を出現させる。「……この味がレオニ叔母のくれた菩提樹のお茶に浸したマドレーヌの味であることに気づくや否や……、叔母の寝室がある道路に面した灰色の家が芝居の書割のように現れ、その裏手の庭に面して両親のために建てられた別棟がつながった。……またその家とともに朝から晩まで様々な天候のもとで見た町が現れた。昼食前にお使いに行かされた広場が現れた。買い物に出かけた通りが現れた。天気のいい日にたどった道が現れた。……今や我が家の庭の花という花が、スワン氏の庭園の花が、ヴィヴォンヌ川に浮かぶ睡蓮が、善良な村人たちとその質素な住居が、教会が、コンブレー全体とその周辺が、全て堅固な形をなして、町も庭もわたしの一杯の紅茶からとび出してきた。」(I, 47) 時間はわたしと事物が出会うたびに一つの巨大な迷宮を創造する。この時間の迷宮においてはたえず新たな意味の系が形成され、同時にこれまで連絡していなかった事物と事物、系と系の間に横断線が引かれる。語り手はある日エルスチールのアトリエで『ミス・サクリパン、一八七二年一〇月』を目にし、これによりオデットとこの肖像画およびエルスチールとムッシュー・ビッシュの間に横断線が引かれる (II, 215–219)。その後語り手はモレルから一枚の写真を受け取ってオデットと薔薇色のドレスの婦人の間にも横断線が引かれ (II, 563)、さらに最終編「見出された時」において語り手とゲルマント公爵夫人が再会することによりオデットとゲルマント公爵の間にも横断線が引かれる (IV, 592)。時間の迷宮はこのようにしてたえず自己に新たな意味の系や横断線を付加して成長し続けている。「……われわれは時間において不断に増大していく場所を占めている……/……人間は歳月の中に浸かった巨人のようであり、彼らが生きてきた相互に遠く隔たった様々な時期に同時に触れることができ、多くの日々がやって来てそれぞれの位置を占めて人間の場所は際限なくどこまでも延び広がっていく――時間において。」(IV, 623–625)

以上の時間の迷宮において、諸事物は周囲の事物および他の系の事物との関係に従ってたえずその意味を変化させている。語り手はある日列車の中でアルベルチーヌから、彼女がヴァントゥイユ嬢の知り合いであることを告げられる (III, 499)。これによりアルベルチーヌとヴァントゥイユ嬢の間を結ぶ横断線が引かれ、「同性愛者」としてのアルベルチーヌの意味が成立する。この「同性愛者」としてのアルベルチーヌとの関係において、語り手が彼女と通話した際に背後から聞こえてきた声は同性愛仲間の声となり、アルベルチーヌがその時々についた嘘は同性愛的行為を隠蔽するための嘘となり、彼女がヴェルデュラン家での演奏会に行きたがっていたのはこの場所でヴァントゥイユ嬢と会うことが目的の行動となる。さらに横断線によってアルベルチーヌと連関しているアンドレやジゼルやジルベルトらにも新たな意味が付与され、このジルベルトと連関しているスワンやオデットやベルゴットらにも新たな意味が付け加わり、こうして最終的には迷宮の全ての系における事物の意味が変化する。しかし語り手はその後アンドレから、アルベルチーヌがヴェルデュラン家での演奏会に行きたがっていたのはヴァントゥイユ嬢ではなくオクターヴと会うことが目的であったことを教えられる（IV, 193–194）。これによりこの時のアルベルチーヌに新たな意味が付与され、また横断線によって彼女と連関している諸事物にも新たな意味が付け加わり、こうしてふたたび迷宮の全ての系における事物の意味が変化する。「わたしが作り上げたアルベルチーヌをめぐる不安に関する場所の全地図を別の地図と交換する……。」(IV, 194) 時間の迷宮においては、一つの事物の意味が変化するたびにこれと連動して全ての系における事物の意味が変化する。時間の迷宮における諸事物および諸々の意味の系はこのようにして縦横に張り巡らされた横断線により一つながりになっている。

四

以上の考察をまとめよう。時間とはわたしと事物が出会うたびに一つの巨大な迷宮を創造する作用である。本論文で見てきた通りこの迷宮はありとあらゆる方向に向かって引かれた無数の線によって構成されており、これらの線は相互に交錯し合い絡み合いながら諸々の場所・意味の系を織り上げ、同時にこれらの場所・系を横断的に結びつけていく。何本もの線が一点で交差する地点ごとにそれぞれの事物が差異化され、これらの意味が相互反照的に形成される。また系と系が相互に連関し合いながら「過去」、「現在」、「未来」を成立させる。プルースト的時間にあっては全ての事物の意味が、また過去と現在と未来が同時に成立する。ここではあらゆるものが縦横に張り巡らされた線によって一つながりになっており、孤立したもの・単独のものは存在しない。時間はわたしと事物が出会うたびに以上のような巨大な迷宮を創造し、この迷宮は創造されるたびに「地殻変動」(II, 623) を起こしてその姿を一変させる。すなわちこの迷宮は創造されるたびに自己に新たな意味の系や横断線を付加して成長していく。また時間の迷宮が形成されるたびにこの迷宮におけるあらゆるものの意味が変化する。すなわちこの迷宮にあっては一つの事物の意味が変化するたびにこれと連動して全ての系における事物の意味が変化する。また新たな意味の系が形成されるたびにこれまで「現在」であった系は「過去」の系となり、「過去」であった系は「より遠く隔たった過去」の系となる。以上の変化は例外を残さない全面的な変化であり、その都度形成されるある時間の迷宮と別の時間の迷宮はいかなる共通の要素も持っていない。その時々に形成される迷宮はそれぞれが他の一切の迷宮と異なるものであり、その都度一度限りのものである(10)。時間とは、このようなその都度一度限りの迷宮をたえず新たに創造する作用である。

注

以下のテクストに関しては、引用箇所および参照箇所を本文中の（ ）内に巻数、頁数の順で示す。

Marcel Proust, *À la recherche du temps perdu*, 4 vols., Gallimard, 1987–1989.

なおプルーストの『失われた時を求めて』はこれまでにいくつかの邦訳が発表されているが、本論文では同書からの引用に当たりそれらの邦訳を参照した。また引用文中の〔 〕内は引用者による補足である。

（1）この点について『失われた時を求めて』の中に以下のような場面がある。同書の語り手（作中の「わたし」）は幼少の頃からサンザシやマルタンヴィルの鐘塔や様々な登場人物たちと出会うたびに「謎めいた印象」を与えられ、彼はこの謎めいた印象がいったい何であるのかを追求するものの、長い間それが分からずにいた。しかし最終編「見出された時」に到って、ようやく語り手はそれが「時間」の印象であったことを知ることになる。そしてその際時間の印象は判読不可能な文字で書かれた「魔術書」のようなものとして語り手に与えられ、彼はその意味を読み解こうとする。「……鐘塔や雑草といった形象がわたしの頭の中で複雑な花咲く魔術書を形成しており、わたしはその意味を明らかにしようとしていた……。」(Ⅳ, 457) こうして『失われた時を求めて』の結末において印象と意味が密接な関係を持つことが示される。また語り手はこれ以外の場面でもしばしば意味を問題にしている。たとえば以下の箇所を参照。「マドレーヌと紅茶を口にした時に感じた喜びは、いったい何を意味しているのだろう?」(I, 44)「……これらの事物はかつてまったく異なる意味を孕んでいたし、その意味をすっかり失ってしまった時でも現在起こっている出来事とはまるで違った出来事を取り巻く枠組みであったのだ。」(Ⅲ, 510)「……ゲルマント公爵夫人の二つの観念はコンブレーの教会での夫人の視線によって退けられるようなものではまったくなく、両方ともが視線にそれぞれ異なる意味を与えていた……。」(Ⅳ, 600)

（2）Cf. Marcel Proust, *Correspondance de Marcel Proust*, 21 vols., Plon, 1970–1993, t. X, p. 373; t. XXI, p. 77.

（3）印象の線は視線以外では「道」、「糸」、「繊維」等と表現されている。たとえば語り手によるとサン゠ルー嬢は、たくさんの道が一ヶ所に集まる「星型」の合流点である。「多くのものがそうであるが、サン゠ルー嬢もまた森の中でたくさんの道が一ヶ所に集まる「星型」の合流点のごときものではないだろうか。

それらの道は……実に様々な地点からやって来る。サン＝ルー嬢へと到る道、彼女の周囲に放射状に広がっていく道……。」(IV, 606) また語り手は『失われた時を求めて』の冒頭で、「人は眠っていても自分を取り巻く様々な時間の糸を手放さずにいる……」(I, 5) と述べている。

(4) ジュネットは「プルーストにおける換喩」(Gérard Genette, «Métonymie chez Proust», dans *Figures III*, Seuil, 1972) の中で、プルーストにおける以上のような諸事物の関係のことを「換喩的隣接関係」と呼んでいる。すなわちジュネットによれば、プルーストにおける事物の描写はしばしばその周囲にある隣接している事物と換喩的に対応し合っている。たとえばプルーストは麦畑の向こうに見える鐘塔を「麦穂」のようであると描写し、また海の近くに建つ鐘塔は「魚」のようであり、語り手が食料品店で見た鐘塔は「ブリオッシュ」のようである等々。しかしながら、プルーストにおいてこのような諸事物の対応関係が認められるのはジュネットが指摘した換喩においてだけでなく、換喩以外においても対応関係は繰り返し認められる。たとえば『失われた時を求めて』におけるヴィルパリジ夫人は、語り手一家やコンブレーの住人たちとの関係において「アヒルがくわえる箱に入ったチョコレートをくれた婦人」(II, 113) という意味を成立させる。しかし彼女はサン＝ルーやシャルリュスらとの関係においては「ゲルマントの方に属する者」(II, 113) である。さらに語り手はある日シャルリュスから、夫人がその夫との関係において「爵位を詐称する偽貴族」(II, 589–591) であることを教えられる等々。このようにプルーストにおいては、換喩というよりも事物の意味そのものが周囲の事物と対応し合っているのである。

(5) この田舎娘は現実の娘ではなく想像上の娘である。

(6) ただし印象に伴われる気分はわたしによってつねに明確に意識されているわけではなく、活動が微弱ではっきりとは意識されないことも多い（『失われた時を求めて』において叙述される印象もつねに気分の描写を伴っているわけではない）。なおプルーストにおける気分に関してはボルノーが詳細な分析を行っている。Otto Friedrich Bollnow, *Das Wesen der Stimmungen*, Vittorio Klostermann, 1956, SS. 200–219.

(7) プルーストにおける諸々の場所（意味の系）が絶対的な距離によって隔てられていることはプーレによっても指摘されている。Georges Poulet, *L'espace proustien*, Gallimard, 1982, p. 57.

(8) 語り手はこの時のシャルリュスについて「彼は一人の女性だった」(III, 6) と述べている。この女性としてのシャルリュスは男性のような風貌をしたヴァントゥイユ嬢と対になっており、両者が相互に浸透・融合し合いながらそれぞれの意味を成立させていることを表現している。

(9) プルーストは横断線によって未来と連関している事物のことを「シーニュ」と呼んでいる。たとえばアルベルチーヌの悲しげな瞳や、不意に赤味がさした頬や、夜中に乱暴に開け放たれた窓の音は彼女が近いうちに語り手の家を出てボンタン夫妻の家へと去っていくことを告げるシーニュである (IV, 7–8)。また社交界の最上層に位置するジルベルトが新参者のアンドレと親しくつき合うことは、後にジルベルトが社交界において身を落とすことを予兆するシーニュである (IV, 561)。さらに語り手はまだ若いと思っていたブロックの顔に彼が老人であることを示すシーニュを認め、思わずはっとさせられる (IV, 507) 等々。プルーストにおける以上のシーニュについてはドゥルーズの以下の論文も参照。Gilles Deleuze, *Proust et les signes*, Presses Universitaires de France, 1976.

(10) プーレは、プルーストにおける諸々の場所（意味の系）があたかも一人一人の人間のようにユニークなものとなっていることを指摘している。すなわちプーレによればプルーストにおける場所はそれぞれが他の一切の場所と異なっており、たとえ地理的に近接した場所であったとしてもある場所と別の場所の間に共通の要素はない（Georges Poulet, *op. cit.*, pp. 49–50）。プーレのこの指摘は確かに正しいが、プルーストにおいては場所だけでなく同時に時間の迷宮そのものがその都度一度限りのユニークなものであると言わなければならない。

（さかい　つよし・関西大学）

M・ヴェーバーの「精神なき専門人／心情なき享楽人」とFr・シラーの「精神なき断片人／情動なき悦楽人」との親和性

――特に、H・C・クラウスの「専門人／享楽人」に関する「探索」への問題提起――＊

茨木 竹二

1.「専門人／享楽人」と〝末人〟との関係（導入）

さて、標記のクラウスの「探索」(Kraus 2016)(1)については、既に『拙著』で全訳してあれば（茨木訳、二〇一七年）、またその論旨の読取りも、拙訳にこれといった支障がないかぎり、さほど困難ではないと思われるので、せいぜい本稿の観点において重要あるいは疑問な諸点のみ、解釈し指摘したい。とはいえそれも、上記全訳の際一応要約し且つまた注釈も加えたので、内容的にかなり繰返さざるをえない。（以下、引用文中の〔 〕は筆者の補足であり、また引用の際、文中のルビや傍点を省いたり、「 」を〈 〉にのように他の符号も、更には旧い仮名や漢字を当用のそれらに、変更する場合もある。）

まず、クラウスは、最初「倫理」論文の初版（PE Ⅰ/Ⅱ 1905）を取扱い、およそ当時のドイツ（一九世紀転換期）の歴史・文化的及び精神的状況を、「かって一般に推測されていたように、底知れず深い文化的ペシミズムの時代では何らなく……今日では殆んど想いもよらないほどの確信を伴った、一般にほぼ絶対に進歩するオプティミズムの時代として」、当該関連の文献を主たる典拠として、一方で改めて展望し直して把握する（Vgl., Kraus 2016,Sp.1／茨木訳、二〇一七年、[1]参照）。そこで、そうした「一般的状況」の把握は、ヴェーバー歴史的文化社会学の基本的な「事象文献学的・経験的研究」の「視座」における、いわば「導入手続き（事始め）」として、またむしろ以下本稿の上記主題の「専門人／享楽人（人間像）」について、そもそも彼は如何なる「動機」により、どのような「状況（共時）的」及び「歴史（通時）的意味」や「精神史的系譜」において、どのような「主観的意味」で「定式化」したのか、に関する明確化にむけても、予め踏まえておきたいところである(2)。

　但し、クラウスはまた他方で、「他の同時代人たちは、こうしたことを本質的には別のもの、と見ていた」と、「特殊〔個性的〕」にも目配せし、まず「……ニーチェは、十五年前、〃末人〃という未来像を定式化していた」と留意し、それを「彼が『ツァラトゥストラ』で警告的な意図で将来的な可能性を〔隠喩で〕投企したもの」として、当該個所をかいつまんで、およそ次のように要約する。「それは、統治も服従もしようとしない末人の〔緊張のない〕世界である……〈さもないと胃がだめに〔病気に〕なる〉ので……〈統治も服従もどちらもやっかいだ〉からであり、すなわち彼らは、〈日毎……夜毎の気まぐれ〉を抱き……言うのである。〈我々は〔正にその〕幸福を見出した〉と。」(Vgl.Ebd：茨木訳 同上参照) と同時にクラウスは、そのように「個性的」な「他の同時代人」として、引続きヴェーバーを「(我々が、故W・ヘンニースの諸研究以来知っているように) ニーチェ作品の諸部分を非常に早期に且つ集中的に取入れているM・ヴェーバーは、多くの表現と暗示が示しているように、如上の定形表現〔末人〕とそこに表われている将来の退化的な人間の〃心像〃に、的確に通暁していた。」と看取する。

　そして、他でもなく「倫理」論文の初版で、彼が「とりわけ、〃末人〃への人的発展過程の地歩を――彼以前にはニーチェのように――少くとも生来の可能性と見なして明らかにし且つまたその際この過程の若干の起源も特定することを、試みた。」と、それを主にカルヴィニズムからピューリタニズムに及ぶ禁欲的な職業（ベルーフ）実践への歴史的遡及として、概括する。しかもまた、より包括的に「彼によって詳細に記述された、近代資本主義的な労働状況の台頭を貫く〈世界の脱呪術化〉の過程〔の完結〕は、こうした事象の最も重要な付随現象〔職業実践〕を形成した」と、〔「予定説」の壮大な帰結としての「内面的孤独化」の作用の一つに〕「ヴェーバーは、あの幻想のない且つペシミズムに彩られた個人主義の根基を、それが〈国民性及びピューリタンの過去による国民の諸制度において今日まで作用している〉ように、認識する……」と見なす。

　更にクラウスは、ヴェーバーが「近代資本主義の精神の……合理的生活態度は……キリスト教的禁欲の精神から生まれ出たのだった。」と因果帰属する「倫理」論文の「結論」から、あの「専門人／享楽人」、「この取るにたらない者は……自惚れる」と締括る「章句」に至るいわゆる「結語（Schlußpassage） 部 分」(PE I/II 1905, S.107–109; 大塚訳、三六三―三六六頁）に、以下のように射程を移す。「職業人への強制が――そして正にその点にこそヴェーバーは、本来の歴史的宿命と見る――時代と共に還俗する。すなわち、〈ピューリタンは職業人たらんと欲した（wollte）、我々はそうあらねばならない（müssen）〉、何故なら世俗化の進行において、経済的行為のこの種の……宗教的駆動が消失してしまっているからなのである。残っているのは……近代的な生活・労働世界の逸れることのできない〈鋼鉄のような固い容器〉である。」

2．「倫理」論文初版の「結語部分」における〝中国の化石化〟

そして、ようやく上記の「章句（結語）」に迫るのであるが、但し「ヴェーバーが第2の「倫理」論文の末尾における展望で」と、今度はその改訂版（PE I/II 1920）に依拠して、「しかしながら誰も知りえないだろうというのは、向後の発展がどのように成就するか、鋼鉄の容器を破壊することがいつか可能になるか、あるいは可能でないなら……〈以前は何ら到達することのなかった人間の段階に登りつめた、と誰か……自惚れる〉」というように、「約言」する。（Kraus 2016, Sp. 1–2；茨木訳、二〇一七年、〔1〕～〔3〕）と同時にクラウスは、「〝末人たち〟が、『ツァラトゥストラ』を当て擦（こす）っている（anspielen）のは、明らかである一方」と、先のヘンニースの研究を踏まえて、ヴェーバーが〝末人たち〟をニーチェから引用しているもの、と遠回しに仄かし、また「〔他方で〕人類学的にそのように欠損している専門人・享楽人たち（Fach-und Genussmenschen）……の2番目の引用にたいする文献資料は、従来あまり知られて来ていないように思われる。」とも指摘し、更に「その点に関して更なる拠所にはなりえない」と、W・シュルフターの（共働）編集による『マックス・ヴェーバー全集』第I篇、第9巻の脚注84を引合いに出す。

すなわち、「この箇所で認められるのは、注釈で単に脚注にすぎない〈引用としては〔追跡〕証明されていない〉〔MWG I/9, 2014, S. 423, 84〕である。それを追求するには、あまり長くはならないに違いない。」(Kraus 2016, Sp. 3；茨木訳、二〇一七年、〔4〕）と(3)。但し、このI／9に所収されているのは、「倫理」論文初版であるから、クラウスはこの際再びそれに戻っているわけである。どうしてそうなのか、については定かでないが、因みに先のクラウスの「約言」は、「倫理」論文改訂版であるから、その部分の邦訳を参照すると、以下の通りである。

将来この〔かの〕鉄の檻の中〔鋼鉄の容器〕に住むもの〔ことになるの〕は誰なのか、そしてこの〔こうした〕巨大な発展が終るとき（am Ende ——の終極には）、まったく新しい予言者たちが現われるのか、あるいはかっての思想や〔及び〕理想の力強い復活が起こるのか、それとも〔またしかし〕——そのどちらでもなくて（wenn keins von beiden ——どちらでもない場合）——一種の異常な〔虚勢をはった自己〕尊大さで（mit einer Art ←初版ではdurch eine Art）粉飾された機械的化石と化すること（mechanisierte Versteinerung（機械的化石化）←初版では„chinesische" Versteinerung（中国の化石化））になるのか、まだ誰にも分からない。それはそれとして（Dann allerdings ——その場合にはむしろ）こうした文化発展の……〈末人たち〉》letzte Menschen《にとっては、次の言葉が真理となるのではなかろうか（könnte ——やもしれない）。〔すなわち〕〈精神のない専門人、心情のない享楽人。この無《ニヒツ》のもの〔取るにたらない者〕は、人間性のかって〔到〕達したことのない段階にまですでに登りつめた、と自惚れるだろう〉と。——

　しかし我々は、それ〔その言葉〕をもってしては、この純然たる歴史叙述が〔過分に〕負荷されるべきではない価値・信仰判断の領域に、陥る。（PE I/II 1920, S. 204: 大塚訳、三六六頁——文末の挿入句のみ自訳）

　ただ、以上「倫理」論文改訂版のこの部分では、既に補足したように、その初版での「〝中国〟の化石化」が、「機械的化石化」に「変更」されているが、因にそれが例えば「およそ同義の、より適切な語用」なのか、あるいは「撤回した、全く新しい語用」なのか、更に別の「変更」なのか、いずれにせよとにかくクラウスは、何ら顧慮していない[4]。しかし、また他の「異同」に注意すると、同じく既に補足したように、改訂版における「一種の（異常な尊大さ）で」は、その前置詞„mit(で)"で、初版の„durch(によって)"が「変更」されても、文意の上では「撤回」されておらず、むしろ「およそ同義に保持されている」と受取られるので、それを「より適切な語用」と推測するのは、あながち的外れではないであろう。というのは、前注で指摘したように、シュルフターが注釈した「精神生活の硬化」は、「倫理」論文初版と同時期の「客観性」における言及であり、おそらく「精神なき専門人」にも通じていようからである。

　それどころか、大方周知のところであろうように、ヴェーバーは以後「儒教とピューリタニズム」(1915)では、前者による「歴史・社会的停滞」としての「外からの固定化」を、却って後者による「歴史・社会的発展」としての「内からの変革」に対照させ、そうした「固定化」をそもそも「古代家産官僚制」の担手たる「伝統・権威主義的な教養身分」に帰するに至ることから、また如上の「一種の異常な〔虚勢をはった自己〕尊大さで〔によって〕粉飾された」も、やはりそうした「教養身分」の「過度の自己尊大」として、前もって念頭において「倫理」論文改訂版の「機械的化石化」まで文意の上で「保持」した、と想定しても、何ら不当ではないであろう。但し、「中国の化石化」は主に国家を基盤とする「家産官僚制」の、しかし「機械的化石化」は経済はじめ政治や法制等あらゆる文化領域に及ぶ「近代西洋官僚制」の、より詳しくは、またヴェーバーにおいて各々本来「実質的合理化」及び「形式的合理化」の「歴史的帰結（縮命）」に、おそらく相当していよう。とはいえ、それらの所産としての両「化石化」は、同じく前注で同義的に解釈したように、「精神（生活）の形骸化」として、いずれも共通していよう。

3．シュモラーの「技術の経済的、社会的及び組織的な影響」に対する〝価値判断〟

ともあれ、クラウスはいよいよ先の個別テーマに関する出典を、次のように提示する「その〔「専門人／享楽人」の〕引用句は〔……本来の首唱者でないにしても〕ヴェーバー……がよく知っていた著述の著者において……この時期国内でも国際的にも最良に評価された同僚専門家、国民経済学者であり且つ国家学者であるグスタフ・シュモラーのもとに見出される……」と。そして、またそうした両者の主に学会における交際や学説上の関係についても、「ヴェーバーはその二六歳年長の学者に対し、距離をおいた親交関係を維持し、とはいえこの老齢の……枢密顧問官を、彼固有の思惟にとって中心的な論拠をなしている、許容できない事実認識と価値判断の混同を、批判した。」と、周知の如きシュモラーが主唱する「倫理的国民経済学」に鋭く対立するヴェーバーの「価値自由」な立場を、際立させる。

但し、にも拘わらず後者による前者の「解釈のための典拠〔出典〕」が、何より時宜にかない且つ格別名声を博したものとして、以下のように特定され読解される。「……よりにもよって一九〇〇年に著わされたシュモラーの主著である記念碑的な『国民経済学綱領』〔Grundriß, 1900〕第1巻にはあの有名な、今日たいてい誤ってヴェーバーに帰されている専門人及び享楽人についての引用句が、見出されるのである。より詳しくは、シュモラーが同時期の急速な技術的進歩の経済的な影響、及び最終的にはまた社会・

組織的な影響も述べる、正にその箇所においてである。」と。そして、そのように「技術的進歩の経済や社会・組織に対する影響」について「叙述した箇所」は、主に「自然をしのぐ精神の勝利、心情の衝動に優る理論の勝利」として、且つまたそれらに対応して、「勤勉・勤労並びに、その反面〈営利追求、忙殺、所有欲、享楽追求、競争相手の破滅願望〉、しかも〈不真面目さ、冷笑的な唯物生活〉に、しだいに囚われてゆく」と、それから序でにまた「主導的な地位に立つ経済界の優れた心情、宗教的感覚、繊細な感覚〉も、〈進歩においてではない〉と把握されている」と要約され、端的には「経済・社会倫理の功利〈利己〉主義化や享楽主義等の退廃的傾向」が、摘出される。（Kraus 2016, Sp. 4–5 ; 茨木訳、二〇一七年、〔4〕）

そこで、「進歩する技術の経済、社会及び組織に対する影響」は、一方でいわば「精神や理論の自然や心情に対する優越」として、例えば特に「倫理」論文における「厳密な計数的予測の基礎のうえにすべてを合理化し、経済的成果を目標として計画的かつ冷徹に実行にうつしてゆく……〔近代〕資本主義的私経済の根本的特徴の一つ」、すなわち「技術と経済における経済的合理化（主義）」(PE I/II 1920, S.60–61 ; 大塚訳、九一―九二頁）を、あたかも想起させる。しかし、また他方で上記「退廃的傾向」は、却ってそうした「禁欲的精神の功利・享楽主義化」及びそれに伴う「経済界の心情の衰退」として、むしろ何も同論文の当該関連箇所（Ebd. S.190–202 ; 同上、三四二―三六二頁）を逐一参照せずとも、それらのおよそすべてを、やはり想起せしめる。つまり、クラウスによれば、シュモラーはそもそも〝進歩の観念〟において、「技術」はもとより、またその「影響」も、まず「経済」に対しては「資本主義」の「精神」を、その「心情」に対立させ、高く評価するわけである。しかし、次に「社会・組織」に対しては、それら「精神／心情」をともに「退廃的傾向」として、却って貶価しているように受取られることから、それらの「影響」はいずれも、〝倫理・道徳的価値判断〟と見なされるべきである。

ところが、ヴェーバーは「専門人／享楽人」という「言葉」を、先にクラウスの「約言」を邦訳で参照した際、その末尾（挿入句）を自訳したように、「しかし……それ〔言葉〕をもってしては、この純然たる歴史叙述〔「倫理」論文〕が……価値・信仰判断の領域に陥る」と、却って――おそらくそうした「言葉」は、例えば特に「宗教の〔肯定的な類的〕理想型と同じく、純論理的完全性にのみ関わる娼家の〔否定的な類的〕理想型」(Objektivität S.200 ; 客観性、八七頁）に相似していようが――そうした〝判断〟

を、差控えているわけである。また、それ故そうした「挿入句」こそ、正にシュモラーの「倫理的国民経済学」が孕む〝価値判断〟を、ヴェーバーが当て擦っているように、解されなくもない。いずれにせよ、そうした〝（技術の影響に対する）判断〟は、クラウスも更に「〔シュモラーが〕ようやく近代的技術によって可能となった、従来は未知の贅沢と、その過度の享楽は、人間本来の幸福を促すことができない、というのである」と、言及しているように、そうした「精神・情緒の実状」を「含意」とする「定言的判断」としての〝目的論的判断〟と受取られる。

4．シュモラーの「文句」における「ある偉大な技術者の言葉」

しかし、ヴェーバーの「専門人／享楽人」は、同じくクラウスも先にふれたように、およそ「ピューリタンの禁欲的精神の職業人への強制による、資本主義の精神及び近代的生活・労働世界の硬化（化石化）」として、却って「因果的判断」に基づいた、しかも「どちらでもない場合」を「前（条）件」とし、且つそうした「近代的世界」とそこで「自己閉塞する人間像」の「未来の可能性」を、「この取るにたらない者は……自惚れるだろう」という、「後件（含意）」とすることにより、およそ「真理値」を見込む、むしろ「仮言的判断〔命題〕」としての、いわゆる「現代診断（Gegenwartsdiagnose）」と解される。ところが、クラウスはそうした「論理的相異」についても、先にシュモラーの「倫理的経済学」に対するヴェーバーの「価値判断排撃」を際立たせたにも拘らず、何ら頓着することなく、ともかく「専門人／享楽人」に「疑いなく非常に類似したシュモラーの文句」を、次のように開示する。

ある偉大な技術者自身（Ein großer Techniker selbst）、数年前我々の自惚れた時代を、本当でなくもない言葉で特徴づけることができた。言換えると、愛なき享楽人、精神なき専門人、この取るにたらない者は、人類の歴史上未登の高みに立っている、と自惚れるのだ（‚Genussmenschen ohne Liebe und Fachmenschen ohne Geist, dies Nichts bildet sich ein, auf einer in der Geschichte unerreichten Höhe der Menschheit zu stehen‘）！

というのは、「ヴェーバーとシュモラーが、ちょうどこの時期〔1900–1920, 各々の引用句を〕相対して読取り合っていることは確実であり、何らの詳しい証明も要しない。老齢で一九一七年に没したシュモラーでさえ〈倫理〉論文（初版1905）の諸命題を、まだよく知っていた。それゆえ、ヴェーバーがそのよく知られた、彼によって第2の〈倫理〉論文〔改訂版1920〕の末尾に挙証されずに持出された引用句を、シュモラーの『綱要』第1巻〔1900〕から取入れていることは、殆んど疑いないであろう。その直ちに識別できる字句内容の〔des Wortlauts〕変更は、ヴェーバーがここであきらかに〔シュモラーの文句から〕自由に、回想で引用したことを、示唆している」からである。そして、そうした「変更」に関しては、「ヴェーバーは、その引用句〔専門人／享楽人〕……を、彼自身の改稿である程度〈ヴェーバー化〉し、すなわち自らの必要に応じて再構成し、その際また新たに解釈してもいるのである。最初に、シュモラーの引用〔ある偉大な技術者の言葉〕では享楽人が来て……ヴェーバーのそれでは、彼の論拠との関連で、より重要な専門人が来る。シュモラーでは、〈愛なき〉享楽人が問題なのであり、ヴェーバーでは〈心情なき〉がそうなのであり、それゆえここではるかに一般的な定式化で表現しているのである。つまり、もはやただ愛だけではなく、むしろまた他のあらゆる人間的情緒〔menschlichen Emotion〕も働かない享楽人なのである！」

それから、「シュモラー〔の「文句」で引用された「ある偉大な技術者の言葉」〕における〈人類〔Menschheit〕の未登の高み〉から、ヴェーバーの……〈以前は一度も到達したことのなかった人間性〔Menschentums〕の段階になって、いる……」のは、「再び〔我々が同じくヘンニスにより知っているように〕ヴェーバー的思惟の真の中核概念にもなっている」からなのである。〔Kraus 2016, Sp.5：茨木訳、二〇一七年、〔5〕～〔6〕〕そこで、以上まずシュモラー〔の引用〕では最初に「愛なき享楽人」が、ヴェーバーでは「より重要な精神なき専門人」が来るのは、それが「彼の論拠との関連で」、すなわち先にクラウスがふれたように、「ピューリタンの禁欲的精神の職業人への強制による、資本主義の精神の硬化及び近代的生活・労働世界の」に、およそ基づいていることから、大方合点のゆくところであろう。並びにまた、シュモラーの「文句」における「ある偉大な技術者の言葉」も、その「字句内容」を一読して明らかなように、やはり〝倫理的価値判断〟として、既述の如きシュモラーの「進歩する技術の経済や社会及び組織に対する影響」に関する同様な〝判断〟にとって、正に恰好な「引用句」と見られる。しかし、となるとそうした「言葉」は、専ら「因果的判断」を旨とするヴェーバーの「歴史叙述」にとっては、却って「取入れ難かった」のではなかろうか。

5. ヴェーバーの「化石化」が敷衍する「脱呪術化」の歴史的系譜

しかしまた、次に両者におけるいずれの「この取るにたらない者」——ばかりか、また「自惚れる」——も同一表現であれ、その際の「〔過剰な〕自意識」として、前者での「人類の未登の高みに立っている」に対し、後者での「人間性のかつて到達したことのない段階にまですでに登りつめた」は、「ヘンニースにより察知されたように」、「ヴェーバー的思惟の真の（wirklicher——本当の）中核概念になっている」から、とクラウスが解するのも、かなり疑念を抱かざるをえない。何故なら、そのように「ヴェーバー的思惟の真の中核概念」として解釈すると、彼の「専門人／享楽人」にはニーチェの〝末人〟が直結していることを意味しかねず、先にクラウスは、「倫理」論文改訂版の「結語部分」を「約言」した際、同様に「〔それらの章句を〕ヴェーバーが〝末人たち〟をニーチェから引用しているもの、と遠回しに仄かし」ながらも、また〔他方で〕人類学的に欠損している専門人・享楽人たち……の〔ヴェーバーの〕2番目の引用にたいする文献資料は、従来あまり知られて来ていない」と指摘し、それら双方の「引用」を既に「切離して」取扱ってきたからである。並びにまた、だからこそ正に「2番目の引用〔専門人／享楽人〕に対する文献資料」を、「探索」してもきたのであろうからである。

いや、それどころか、そのように「ヴェーバー的思惟の真の中核概念」を検討する上でもっと重要なのは、以下のようにより大きな問題であろう。すなわち、クラウスはおよそ冒頭で、「倫理」論文初版で遡及された「専門人／享楽人」への「人的発展可能性」を、〝末人〟のそれとの関連で導入する際、「カルヴィニズムからピューリタニズムに及ぶ禁欲的職業実践」を、特に「予定説の壮大な帰結」として、並びにまた「近代資本主義的な労働状況を貫く脱呪術化の過程〔の完結〕の最も重要な付随現象」としても、包括的に把握したわけである。なるほど、それはまた、ヴェーバーがそうした「状況」を「鋼鉄のような容器〔化石化〕」とその中で「自己閉塞する人間像」の「未来的可能性」に対して、既述の如き「現代診断」を試みたことにも、符号している。しかし、またシュモラーが「叙述した」あの「進歩する技術の経済や社会及び組織に対する影響」——更には彼の「文句」で「引用」された「ある偉大な技術者の言葉」——も、そうした「〔宗教の世界史的発展の〕過程」ないし「歴史的系譜」の延長に沿っているものなのか、クラウスは何ら考慮していない。

というのは、ヴェーバーの「化石化」は、クラウスが先に「約言」した「倫理」論文改定版における「結語部分」では――その初版でも、先に指摘した字句以外、原語に「変更」がない――まず前半で、「こうした巨大な発展の終極には」と、そして後半で「こうした文化発展の〈末人たち〉」とあるように、それら「巨大な文化発展」の「終極〈末〉」は、やはり如上の「過程〈の完結〉」の「最も重要な付随現象」のそれを指示していて、つまり後者（「付随現象」）の「終極」は前者（「過程」）の延長、ないし「歴史的系譜」に位置づけられているもの、と解されるからである。並びにまた、シュモラーの「進歩する技術の影響」も――更にはその文脈で「引用」された「享楽人／専門人」が「自惚れる人類の歴史上未登の高み」も、「ある偉大な技術者の特徴づけ」であるから、やはり「技術的発展の結末」として――たとえ同じくそうした「巨大な文化発展の終極」に包括されるにしても、但し「技術の進歩〈発展〉」は、せいぜい「近代文化」の一領域における事象にすぎない。しかも、その「経済、社会及び組織に対する影響」は、「精神や情緒の実状」の如き他の「文化領域」にも及ぶにせよ、ヴェーバーが旨とした――「事実認識・判断」としての――「歴史叙述」ではなく、むしろ〝倫理・道徳的〈価値〉判断〟に相当していたわけである。

6．「現代の文化発展」における「アテネの最盛期にと同様に、繰返さない同期の人間の全面性」及び「その断念」

そこで、序にヴェーバー自身が「倫理」論文改訂版で「脱呪術化」に、「予定説の帰結」との関連で――F・テンブルックが指摘した如く――初めて言及する箇所を参照すると、「古代ユダヤの預言者とともにはじまり、ギリシャの科学的思考と結合しつ（im Verein――連合して）、救いのためのあらゆる呪術的方法を迷信とし邪悪として排斥したあの呪術からの解放の過程は、ここに完結をみた……。」(PE I/II 1920, S.94–95；大塚訳、一五七頁）とある。そのように、ここではそうした「過程」が、「ギリシャの科学的思考との連合」として捉えられているのであるが、それは特に、以後晩年（1917）に行われる熟知の講演「職業としての学問」(1919）の終了直前で、あたかも如上の「巨大な文化発展の終極」においてであるかのように、それと同様に強意される。「現代の運命……そこには現代に独特の合理化（Rationalisierung）と理知化（Intellektualisierung――主知主義化）が、とくにまた魔力からの世界の解放（vor allem: Entzauberung der Welt――とりわけすなわち世界の脱呪術化）ということが、ともなっている……」(Beruf 1917/1919, S.612 ; 出口訳、三九〇頁)。そして、またそれら「合理化/理知化」は、既に前半でむしろ「学問とそれに基ずく（orientierte ——定位した）技術とによる主知主義的合理化（intellektualistische Rationalisierung)」として、その実際的意味も、追求されているのである。(Ebd. S.593 ; 同上、三一一頁)

因に、如上の「主知主義的合理化」には、先に「倫理」論文において殊に想起した「〔近代〕資本主義の精神の特徴の一つ〔経済的合理化〕」、すなわち「厳密な計数的予測の基礎のうえにすべてを合理化し、経済的成果を目標として計画的かつ冷徹に実行にうつしてゆく」ことが、またそうした「随伴現象」の好例の一つとしても、正に相当しよう。ただ、こうした「合理化」は、元々古代ギリシャの主に数・理学（自然科学）・技巧（芸術）や文献（芸）・歴史・哲学・政治学等、「全般的学問」の「専門特殊化(Fachspezialisierung)」に端を発する「目的合理化」に、正に帰されることも、また周知のところであろう。しかし、そうしたおよそ「分化〔特殊化〕」と「統合」としては、それも特に「学問と技術とによる主知主義的合理化」は、ヴェーバーの「化石化」の論旨が「脱呪術化」やそれと「連合」した「ギリシャの科学的思考」を敷衍するのみならず、またシュモラーの「技術の影響」の「叙述」——更には「ある偉大な技術者の言葉」——も、そうしていないとはかぎらない。しかし、クラウスは前者のみならず、後〔二〕者についても、そうした「歴史的系譜」に関しては、何ら追求していない。

そこで、そうした「系譜」を更に辿るため、ここで先に注目した「倫理」論文の「結論」部分、「近代資本主義の精神の……合理的生活態度は……キリスト教的禁欲の精神から生れ出たのだった」に再び立戻ると、そうした行論は、「——近代の職業労働が禁欲的性格を帯びているという考えは、決して（ja auch ——とにかく）新しいものでは〔も〕ない」と、一旦は引継がれる。但し、その後は直ちに「論調」が、以下のように変わるのである。

専門の仕事（Facharbeit）への専念（Beschränkung ——限定）とそれに伴うファウスト的な人間の全面性(Allseitigkeit)……の断念は、現今の世界ではすべて価値ある行為の前提であって、したがって業績（Tat ——実行）と断念（Entsagung）は今日ではどうしても切離しえないものになっている。そのこと、つまり（∴ dies ——すなわち、こうした）市民的な生活スタイルがもつ……禁欲的基調を、ゲーテもまたその人生知の高みから、『ヴィルヘルム・マイスターの遍歴時代』と、ファウストの生涯の終幕によって、われわれに教えようとしたのだった。彼にとって、この認識は、ゆたかで美しい人間性の時代からの断念を伴う……訣別を意味した。そうした時代は、古代アテネの最盛期……と同様、われわれの……文化発展のなかで（im Verlauf——経過において）もう一度現われてくることは……ない（wenig sich wiederholen wird——およそ繰返さないであろう）。

そしてこの後、先にクラウスも留意した「ピューリタンは天職〔職業〕人たらんと欲した（wollte）——われわれは天職〔職業〕人たらざるをえない（müssen）」という、あのヴェーバーによる「ピューリタンの職業実践」から「化石化」に至る「因果的判断」が、むしろ「必然的判断」の形で引続くのである（PE I/II 1920, S.20）：大塚訳、三六四頁）。そこで、如上の「論調」では、「化石化」のそうした「歴史的系譜」が、差当たりは「ピューリタンの職業実践」に帰される「現今の市民的生活様式の禁欲的基調」として、ゲーテの当該作品におけるファウストの「生涯の終極」を引合いに出すことにより、受継がれる。但し、次にそうした「基調」は、むしろ遥か以前の「最盛期アテネ」における、既述の如き「ギリシアの科学的思考の分化」に対応する「人間の全面性の断念」を伴うそれとの「訣別」——ないし「人間の自然性・感〔官能〕性からの理性・知〔悟〕性の分離」としての「主知主義〔的合理〕化」にまで、遡及されるわけである。しかも、また「同期」と同様に、その「ゆたかで美しい人間性の時代」が「現代の文化発展の経過」において、「繰返さないであろう」と、殊更追想されているのは、主にゲーテ、シラー及びW・フンボルトによって代表される「ドイツ古典主義」及び、ヴェーバー——やシュモラー——が属する「国民経済学」が連なる「歴史主義」において、何より「古典文化」を理想として仰ぎ且つ憧憬する「精神的伝統」を、いかにも窺わしめる。但し、如上の「論調」における「歴史的系譜」やその「遡及」には、またシュモラーにおけるかの「技術の影響」——や「偉大な技術者の言葉」——も添っているのか、詳しく立入らないかぎり、やはり不明のまま残る。

7．クラウスの「探索」の〝不備〟

ともあれ、クラウスはヴェーバーの「専門人／享楽人」を、「シュモラーの『綱要』第1巻における〈享楽人／専門人〉から取入れていることは、殆ど疑いないであろう」と、ただ後者の「首唱者〔偉大な技術者〕」が不明のためか、かなり控目ではあったが、既におよそ「論定」したわけである。なるほど、またその前にそれら双方の「語句」やそれに引続く「文脈」も「疑いなく非常に類似した」と、見なされていたことから、そのようにそもそも「言語文献学的な解釈」によるかぎり、そうした「論定」は、一応適切であろう。但し、クラウスは最後に、シュモラーが「引用」した「享楽人／専門人」〔「偉大な技術者の言葉」〕を、むしろ「専門人／享楽人」として「2番目に語〔引〕用」したヴェーバーには、むしろ〝末人〟という「定型句」が、「倫理」論文の「結語部分」に「添えてある」ので、「何を問題としているか、明らかに示している」と、強意して締繰る。

すなわち、技術、産業主義、資本主義及び官僚主義の時代における近代人の実存の危機と深淵が、ないし切迫して忍びよりしだいに成就しつつある現代人の脱人間化（Entmenschlichung des Menschen der Gegenwart）が〝末人〟への、つまり未来の人類の切迫した状況に向う途上の、最終的に首尾一貫した段階におけるそうした脱人間化として、問題なのである。（Kraus 2016, Sp.6 ; 茨木訳、二〇一七年、〔6〕）

そこで、まずヴェーバーの「真理となるやもしれない」とされた「章句・言葉〔専門人／享楽人〕」が「明らかに示している問題」は、なるほど同時代のそれら「技術・産業・資本・官僚主義」の「状況」に直面して、彼により特に「化石化した鋼鉄の容器」とそこで「自己閉塞する人間」の〝退化的人間像〟の「未来的可能性」に対して試みられた「現代診断」による「近代人の実存の危機と深淵」としては、なるほど当を得ていよう。但し、またそうした「問題」は、他ならぬシュモラーのあの「技術の影響」に対する〝倫理・道徳的判断〟や――そこで「引用」された「偉大な技術者」の同様な〝判断〔享楽人／専門人〕〟も――また同時代の「状況」に、およそ同様に関わっていよう。しかし、更に〝末人〟への「脱人間化」ともなると、クラウスはそれに、ヴェーバーはじめシュモラー――に「偉大な技術者」も含め――が、何より危惧する「問題」を、一括してしまい、またもや「専門人／享楽人」を〝末人〟に帰せしめることになろう。

ともあれ、クラウスが既に「論定」したように、「専門人／享楽人」がむしろ「享楽人／専門人」を取入れたことは、少くともそうした「字句」や「文面」の「近似性」からすれば、確かに尤もらしい。また、それによって前者にとって後者は、更に〝末人〟もある程度、本稿の冒頭で提示した「事象文献学・経験的視座」にとって、まず「共時的意味」に相当するように解される。しかし、次にその「通時的意味」を追求するには、特に先に遡及した「古代ギリシャの科学的思考の分化」や「人間の全面性からの訣別」を、更に検討するべきであろう。尚、こうした理由により、並びにまたこれまで指摘した諸々の疑問についても、何らか解明の糸口を得るべく、本誌前号におけるクラウスの寄稿（Kraus 2022；田村訳、二〇二二年）は、少なからず期待するところであった。しかし、端的には彼が先に紹介したシュモラーとヴェーバーの学会における交際や学説上の立場等の関係について、ほぼ専ら終始していて、それはそれで実に丹念且つ周到な内容であるから、当該個別研究にはおそらく有益であろうが、残念ながら的外れであった。

さて、それはともかく、以上長々とクラウスの「探索」を検討してきた結果、また論旨もかなり錯綜した観があるため、最後にその疑わしいないし〝不備〟な諸点を、できるだけ簡潔にまとめておくべきであろう。そこで、それらを最初から指摘してきた順に、まず「倫理」論文初版における〝中国の化石化〟は、その改訂版では「機械的化石化」に「変更」されているものの、それは「撤回」ではなく、むしろ「より適切な語用」として読取られるが、それでもクラウスは、シュモラーが「引用」した「享楽人／専門人」——並びに、ニーチェの〝末人〟——を、また〝中国の化石化〟を踏まえているものとして、ヴェーバーが「専門人／享楽人」に、「取入れている」と「論定」できるのか。次に、シュモラーの〝倫理・道徳的（価値）判断〟は、「定言的判断」に相当し、ヴェーバーの「現代診断」は、かの「因果的判断」ないし「事実認識・判断」に基づく「仮言的判断」と解されるが、それでもやはりそのように可能なのか。それから、前者の「化石化」は、「脱呪術化」や「古代ギリシャの科学的思考〔の分化〕・全人間性〔の断念〕」に遡る「系譜」の延長に位置しているが、それを検討しなくとも、やはりそのように可能なのか。最後に、クラウスは、「専門人／享楽人」を〝末人〟から一旦は「切離した」にも拘らず、また以後〝末人〟に「結びつけて」取扱っているが、それでも、同じくそのように可能なのか、以上である。(5)

8．シラーの「美的教育」における「芸術美」と〝政治的自由の問題〟

ところで、J・Ch・F・v・シラーといえば、何より文芸においては、先にふれたようにゲーテと並んで、また歴史・哲学・美学・教育学・ドイツ思想等においても、その作品には殊に重要な意義が認められており、甚だ有名である。但し、一般に分野を異にするせいか、彼の文献がヴェーバー研究において、たとえ周辺的であれ、何らか関連づけられて取扱われた、というようなことは、大方もそうであろうが、これまで側聞したためしがない。ところが、少くとも「人間の美的教育について――一連の書簡」(Schiller 1795:「新関訳」)を翻読すると、主に「第1～2、5～6書簡」において、ヴェーバーの「現代診断」によく近似したシラーの「時代診断」のみならず、また前者の「専門人／享楽人」に明らかに「親和」しうる、と思しき同様な――語句ではなく、むしろ――文意の表現に、邂逅するのである。(6)

さて、シラーは自らが創刊した雑誌『時の神（Die Horen)』に掲載された上記「一連の書簡」を、彼の作品の愛読者ケルナー（Ch.G.Körner）――但し、元々はシラー崇拝者、その作品の理解者及び最大の支援者たるデンマーク王子、アウグステンブルク侯（Fr.Ch.Augustenburg）――宛に――そもそも為政の最高当事者として国民をいかに指導すべきか、について述べるため（「新関訳」〈解説〉、三九八―三九九頁参照）――以下のように、綴ってゆく。差当たり、まず「美しきもの及び芸術（d a s S c h ö n e u n d d i e K u n s t）に関する私の探究の結果を一連の書簡をもってあなた〔ケルナー〕の前にさし上げることを、あなたは私にお許しなされる」と。そして、また自らの思索についても、「いつもいつも自分自身を相手としての談合（Umgang――懇談）から出ているものであって……」とか、「無論私はあなたに、これから述べる主張が拠って立つところのものは大部分カントの原理〔主に『判断力批判』〕であることを、隠しておこうなどとは思わない」とも、前置きする（Schiller 1795, S. 7–8：「新関訳」、一二四頁）。

しかしながら、シラーはそうした趣旨の「論述」を、そのまま始めるのではなく、むしろ直ちに、次のようにためらいを示す。「道徳的世界の案件（Angelegenheiten ――重大事）がずっともっと手近な関心を提供し、そして哲学的探究精神は時代の環境のために（durch die Zeitumstände ――時代状況により）あらゆる芸術作品（Kunstwerke ――精密な技巧事業）の内の最も完全なもの、真正なる政治的自由の構造（Bau ――構築）を究めるように（mit ... zu beschäftigen ――に取組むことを）、このようにも強く要求される時に当って、美的世界のための一つの法典を求めて探し回るのは、少くとも時代はずれではなかろうか?」（「新関訳」訳者註、この論文はフランス革命に対する憎悪的な印象のもとに書かれた。）

すなわち、「美的教育」が起筆された時期は、〝疾風と怒涛〞が終息する一方、他方で「(第1)共和政」に移行し、〝ルイ一六世の処刑〞並びに〝(主にロベスピエールによる)恐怖政治〞が始まった一七九三年頃であって、上記の「訳者註」――や、また「清水訳」でも、「フランス革命〔一七八九年〕からもはや何らの長所〔真の自由や人間の尊厳〕をも期待することが出来なくなって……〔上記の〝処刑〞以来〕〈それら浅ましき皮剥人達〉の行為は嘔吐を催せるほどシラーを嫌がらせたということである……」(「訳註」(三)、二二〇―二二一頁)と注釈されている――ように、シラーは甚だ衝撃的で著しく落胆に終わった近代ヨーロッパ政治史上の〝大事件〞に、遭遇したわけである(7)。

そのためシラーは、目下焦眉の〝問題〞たる「真の政治的自由の構築」との「取組み」を避けて、先の「論述」において「美的及び芸術的原理」を――古代ギリシャに遡って――「探求」するなど、いわば「時代錯誤」ではなかろうか、と憂慮する。そこで、むしろそうした「取組み」に、「正に同じヨーロッパのこの世紀に生存する〔如上の「行為」に直接あるいは間接に関与したパリ市民同様〕現代市民〔人間一般〕」として、「その社会的要求や文化的趣向〔時代状況〕」に対して「投票〔発言〕権」を行使するのは「義務」である、と以下のように方向を転換する。「私は他の世紀に生きるのを願わないし、他の世紀のために働いていたかったとも願わない。我々(man――人間一般)は国家の民であると丁度同じに時代の子(Zeitbürger――時代の市民)である。そして我々がその中に生きている圏内の風俗(Sitten――道徳)と習慣から自分を除外することは、ふさわしからぬ、否、許されぬことであると思われるとすれば、我々の活動の選択において世紀の欲求と趣味に対し一つの投票権を許容するのは、どうして……義務でないはずがあろうか。」(Ebd., S.9:同上、一二五―一二六頁)

9．近代ヨーロッパの「時代状況」と「人間性」の「診断」

とはいえ、そのように先の「論述」を先送りし、そうした「投票権」を行使しても、後に「探究」されるはずの「美的芸術」には、如上の「時代状況」においてまた別の危惧も、伴うのである。しかも、それについての論究は、既に「時代の市民」として且つ「ヨーロッパ圏の世紀の欲求と趣味」に向っているように、事柄の性質上「時〔現〕代診断」に及ぶことになる。

この投票の結果は、しかし……少くとも、私の探求がこれのみに向けられておる……芸術の、決して利益とは

> ならないように思われる……。時事（Gegebenheiten ——諸事象）の経過は時代の精魂（Genius der Zeit ——希に見る天才）に対して、それを益々理想の芸術から遠ざけようと脅かしつつある……。この理想の芸術は現実を離れ去りそしてそれにふさわしい果敢な意気をもって欲求の以上に超越せねばならない。なぜならば、その芸術は自由の生むところ（Tochter ——娘（所産））であって、物質の必要からでなく、精神者（der Geister ——（自由の）精神の持ち主）の必然性からしてその規定（Vorschrift ——指図）を受けることを欲するのだからである。しかし今は欲求が威勢を揮い（herrscht ——支配し）そして低落せる人性（die gesunkene Menschheit）をその専制的なくびきの下に屈せしめる。功利（Der Nutzen）が時代の大きな偶像であって、力ある者のすべてがこれのために隷仕し、すべての才能者がこれに臣従しなければならないのである。この粗雑な秤の上では、芸術の精神的功績などは何の重みも持たない。（Ebd., S.9–10；『新関訳』、一二六頁）

すなわち、シラーによっては、「〔美を〕理想〔とする〕芸術」は、本来「〔真の〕自由」を母体としたいわば「娘」であるが、特にその「希に見る天才」は、そもそも〝物質的欲求〟や権力闘争が渦巻く〝現実的利害〟を超脱しうる「〔自由の〕精神の担い手」でなければならない。ところが、現今の「時代状況」においては、既に見たように〝政治的自由〟が地に堕ちていれば、また〝人間性〟も——カントが人間の尊厳に対立せしめた物質的価値の如き——〝功利〟が、〝最大の唯物論的な生活傾向〟となって、〝低落〟せしめられている。そのため、そうした「天才」といえども、それに隷従しなければならず、その「精神的功績」など何ら尊重されることがなく、やはり「美的芸術」は不利な状況に置かれている、というわけである。そして、またそのように〝低落した人間性〟の状態も、生々しく描写され、厳しく非難される。

> 人間の行為（Taten）の中に人間は描かれるものである。そして現代の活劇（Drama ——劇的事件）のなかに写し出（sich...abbildet ——模写）されるものは、何という姿態（Gestalt ——形成態）であろう！ここには粗暴化、あそこには懦弱化。人間堕落（menschlichen Verfalls）の二つの極端、そして両者が一つの時期の中に一緒（vereinigt ——一体）になっている！
>
> 低いそしてより多人数な階級のなかでは粗野な律法なき衝動が我々の前に示されるが、その衝動は、市民的秩

序の紐帯がほぐれてしまえば、その鎖を解かれ、御しがたい狂暴をもってみずからの動物的満足へと急ぐのである。

　多面において、開化した階級は、弛緩と、それから性格のある退化との、なお一層厭わしい光景を、我々に見せる。これは、文化その者（Kultur selbst――自体）がその源泉であるから、それだけ益々憤らめるのである。古い又は新しい哲学者の誰であったか……一層高貴なものはそれが破壊されると一層醜いものであると述べた人があった〔訳者註ではプラトン〕。ところが、この言は道徳的のことにおいても真実であるのがわかるであろう。自然児はもし逸脱するならば狂人となるし、芸術の子弟は何にもならぬ者（Nichtswürdiger）となる。練磨（verfeinerten――洗練）された身分の者達が知性の啓蒙（Die Aufklärung des Verstandes）を誇るのは全く不当なわけではない……が、この知性の啓蒙は、全体からいうと、思念（Gesinnung――心情）に対して何か高貴化の影響を示すことはほとんどないのであって、それはむしろ腐敗（Verderbnis）を格言などによって掩護する結果と（befestigt――確固たるものに）なっている。（Ebd., S. 18–19；同上、一三三―一三四頁）

　さて、以上においては、「低くてより多数の階級」と「開化した階級」とは、おそらくそれぞれ〝サン＝キュロット・ジャコバン派〟及び〝ジロンド派〟を指示しているのであろうが、それらが一般に表出する〝人間堕落〟の〝両極〟は、いわば「表裏〔二面の〕一体」として、また特殊に、既述の如き不利な「時代状況」にある「芸術の子弟」も、むしろ「何にもなら〔取るに値し〕ない者」として、「性格〔類型〕化」される。しかも、またそのように〝退化・腐敗した人間性〟は、そもそも〝文化それ自体〟に、それも特に「知性の啓蒙」ないし「主知主義化」に帰せられている。ただ、ここでは「その啓蒙を誇るのは全く不当でないが、全体的には心情に対して高貴化の影響をほぼ示さないどころか、むしろ〝腐敗〟をもたらすことが訓戒されている」と、「啓蒙主義」にいわば「両義的判断」が下されているようであり、更に以後しばらくして、再びおよそ同様に繰返される。

　「……知性の一切の啓蒙は、それが性格に流れもどるという限りにおいてのみ注意に値する、というだけでは十分でない。啓蒙はまたいわば（gewissermaßen――ある程度）性格から発するのである。なぜならば頭脳への道は心（Herz）を通って開かれねばならないからである。」（Ebd. S.31–32；同上、一四六頁）したがって、「啓蒙主義」は、

「知性」の発達を自負しうるにしても、「全人間性」における「自然・感性的性格」を育む「心（情）」には、たいてい〝害〟を及ぼしがちである、ということになろう。

10. 古代ギリシャにおける「知性の分離」に帰される近代人の「断片的形式」

ともあれ、シラーによれば上記の「啓蒙主義」や「主知主義化」の〝影響〟としての〝人間性の退化・腐敗〟は、更に古代ギリシャにおける「全的人間性」や「科学的思惟」の理念に遡って、「回顧」されなければならない。

……時代の性格に少し注意を払ってみるならば、人間性の今日の形式と、昔の、特にギリシャ時代のそれとの間において見出される対照は、我々を驚異せしめざるをえない。……ギリシャ人の自然は人為（Kunst——芸術）のあらゆる魅力（Reizen——刺激）及び智恵（Weisheit——英知）のあらゆる威厳（Würde——品位）と配偶（vermählt——取り合わ）されていて、しかも我々の自然の如くにそれらの相手の犠牲とはなっていないのである。……彼等はそれと同時に、我々が我々の風習（Sitten——習慣）の反自然性を顧み、それを慰める……のが常であるところのあの（nämlichen——如上の）長所において、我々の競争者であり、否、往々にして我々の模範である。

……ギリシャのいかなる個々の神にも、全的な人間性は欠けていなかったのである。我々近世人においては、それが、何と全然に異なっていることであろう！

個々のギリシャ人がその時代の代表者たる資格を持ったのは何故であるか、そして又、個々の近世人が敢てそれをなしえないのは何故であるか？　前者には一切を合一する自然が形式を与えており、後者には一切を分離する知性が形式を与えているからである。

文化自身がかような傷を近世の人間性に負わせたものであった。（Ebd., S.20–21；同上、一三五—一三七頁）

そこで、以上を要約すれば、「古代ギリシャの全的人間性」は、それが「その個々人に集約されていれば、また——それが投映されてもいた——個々の神のように、具有されていた」のに比べ、「近代の人間性」は著しい「対照」をなしていて、それはそもそも「ギリシャ文化自体」が及ぼした〝害〟によるものである。すなわち、前者の「全的形式」は「自然の合一性」に、後者の「断片的形式」は「知性の分離性」に、それぞれ帰される。言換えれば、まず前者の「全的形式」は、「ギリシャ人の自然が芸術のすべての〔美的〕刺激及び英知のあらゆる品位」と「均衡」

していた、正にその「調和」のしからしめたところであった。それ故、そうした「長所」において、「ギリシャ人」は「近代人」の「競争相手」どころか、むしろ「模範」に値するのである。

ところが、次に後者の「断片的形式」は、「近代人の自然」がそれに、今や「芸術」――から「分化」した〝〔機械的芸術としての〕技術〟――や「英知」――から「分離」した〝断片的知識〟――が対立せしめられ、それら――「相手」の〝犠牲〟となった、正にその〝分化〟ないし〝主知主義化〟のしからしめるところなのであった。と同時に、またそうした〝短所〟は、「近代人」が常に〝悔みがち〟なのである。尚、以上の「回顧」には、一般にそう見なされていれば、また先の「人間一般」も示すように、当時既に先駆けてなされたJ・J・ルソーのあの有名な主唱、「自然へ帰れ！」に呼応した「自然的人間」が、やはり「自然主義的」な立脚点として、明確に察知されよう。

ともあれ、シラーは如上の「全人間性」の「断片的形式」を伴う〝主知主義化〟について、以後更に深く掘り下げる。「ギリシャ人の人間性の現象は議論なしに一つの極限であって、その段階の上にいつまでも留まることも、又、それより以上に登ることもできない極限であった……。留まることができないのは、知性がその既に持っていた貯蔵によって、感受と直観から離れてその認識の明断に向かって努めるように、必然的にしいられざるをえなかったからであり……彼等がより一層高い発達（Ausbildung――専門的養成）に向って進みつづけようと欲した（wollten）時には、彼等は、丁度我々と同じように、彼らの本質の全体性を（Totalität）を放棄（aufgeben――断念）して……真理を離れればなれの道において追求するほか（mußten――せざるをえ）なかったのである。」(Ebd., S.25；同上、一九〇頁）つまり、「知性が〔その範疇・概念的な知識の〕蓄積の限界〔飽和〕に達し」て、その「認識の明瞭性に努める必要から」、むしろ「感覚・直観〔感性〕を分離して」、そうした「明瞭性の専門的な養成を欲した」ため、それと同時にまた「彼等の人間性の本質たる全体性」を「断念」して、「真理を断片的に追求せざるをえなくなった」というわけである。

因に、それにしても以上シラーの文面においては、先にヴェーバーが言及した主に「脱呪術化過程」やそれと「連合」した「古代ギリシャの科学的思考〔の分化〕」等の「歴史的系譜」の諸事項に、基本的に符合する表現が少なからず認められ、実に印象的である。すなわち、まず前者の「英知」の〝分化・主知主義化〟は後者の「職業としての学問」における「現代の運命」としての「主知主義化・

合理化」に、また「ギリシャ人の全体性の断念」は、ゲーテの「認識」としての「ゆたかで美しい人間性の時代からの断念を伴う訣別」に、それから前者の「〔当初のギリシャ人は〕……専門的養成に向って進みつづけようと欲した（wollten）――〔以後の〕彼等は……真理を離ればなれの道において追求せざるをえなかった（mußten）」は、後者の「ピューリタンは職業人たらんと欲した（wollte）――我々はそうあらねばならない（müssen）」に、いずれも合致する文意である。

尚、シラーは、結局「しかしながら、人間は、何かある一つの目的のために自分自身をなおざりにするように、規定されていることができるだろうか？……個々の力の発達〔専門的養成〕がそれらの力の全体性の犠牲をやむをえざることたらしめる、というのは、それ故間違いであらねばならない。」と、はっきり断言する。そして、「……〔機械的〕芸術が破壊してしまっている我々の自然におけるこの全体性をあるより高き〔美的〕芸術によって再建することは、我々に掛かっているのである。」(Ebd., S.27；同上、一四二頁）と、既述の如く「文化自体が傷を負わせた全体性」の「再建」に、再び所期の「美的芸術」に関する「論述」に戻って、本格的に取組もうとする。そして、以後それは、先のように古代ギリシャの「全的人間性」を「模範」とし、且つまたそうした「美的芸術」への「憧憬」に基づく「美的教養（ästhetische Kultur）」を――後に「ドイツ古典主義」で継承される――「教養理想（Bildungsideal）」として、めざされるわけである。但し、それは本稿の主題を遥かに越えるので、もはや立入れない。

11．古代ギリシャにおける「知性の分離」に帰される近代人の「断片的形式」

ともあれ、シラーは先に「回顧」を余儀なくされた「啓蒙主義」――には「両義的判断」を下したわけであるが――及び〝主知主義化〟の〝影響〟に、再び行論を戻し、更にその範囲をフランス革命後の国家や社会・文化的並びに人間的状況に拡大して、むしろ「時（現）代診断」を展開する。ただ、以下二篇の文面を、双方とも引用文としてはあまりに長すぎるにも拘らず、敢て引合いに出すのは、それらの論旨や特定の表現を、意味論的にのみならずまた統語論的にも、できるだけ適確に解釈したいからである。

芸術と学識とが人間の内面に醸しだしたこの混乱（Zerrüttung――錯乱・破壊）を、統治（Regierung――政府）の新しい精神が一般的ならしめ且つ全きものにした。初期的な共和政体の簡単な組織が、初期的な風習（Sitten

──道徳）と事情の単純性（Einfalt──素朴さ）の消失した後にも、存続することは、期待せられないことであるのは勿論であったが、しかしその組織は、あるより一層高尚な有機的生命にまで高揚……せずして、ある卑俗なそして粗い（groben──粗雑な）機械組織（Mechanik──機械装置）へと沈淪（sankt──低落）したのであった。……あのギリシャ国家の水螅的性質（Polypennatur──腔腸動物・ポリープの性質）が……今や、無限に数多くの、しかし生命のない部分の断片的結合からして全体の中の一つの機械的生活が作ら（sich bildet──形成さ）れるような一個の精巧な（kunstreichen──工芸的な）時計仕掛（Uhrwerke）に、席を譲った。今や、国家と教会と、法律と風習〔道徳〕とは、互いに引き離され（Auseinandergerissen──分裂し）てしまった。享楽は勤労（Arbeit──労働）から、手段は目的から、努力（Anstrengung──労苦）は報酬から、分離された。永遠に唯だ全体中の一つの個的な小さな断片（Bruchstück）にのみ縛られつつ、人間自身（der Mensch selbst）も唯だ断片としてのみ自身を養いあげ（bildet sich...aus ──専ら養成し）つつある。永遠に唯だ、みずからが回し動かしている車輪の単調な雑音のみを耳にしながら、人間は決して自分の本性の調和を発展させない。そして自分の自然のなかに人間性を表刻（auszuprägen──造成）することをしないで、単に自分の業務（Geschäfts）、自分の科学の一つの翻刻（Abdruck──模写）となるのみである。……死んだ文字が生きた知性の代理をする。そして天才（Genie──天性）と感受よりも練習された記憶が一層安全な案内者となっ（sicher leitet──危気なく導い）ている。（Ebd., S.22–23；同上、一三七─一三八頁）

さて、文頭の「芸術と学識とが人間の内面に醸しだしたこの混乱・破壊」及び、およそ文末の「人間自身も唯だ断片としてのみ自身を専ら養成し……自分の本性〔全人間性〕の調和を発展させない」とは、既述の如き古代ギリシャにおける「美的芸術」からの〝機械的技術〟への「分化」や「英知」の〝専門的養成〟等、すなわちヴェーバーのいう「主知主義（的合理）化」を敷衍する「フランス啓蒙主義」がもたらした〝害〟としての近代人の「断片的形式」を、さしあたり受継いでいるわけであるが、むしろより目ぼしいのは、以下の表現である。すなわち、とりわけ「第1共和政体の新しい精神が一般的且つ完全なものにせしめたその組織」、「ギリシャのポリスの如き〔生物〕有機体論的」ではなく、却って〝機械論的〟な「機械装置・時計仕掛」が、「みずからが回し動している」とあるように、正にヴェーバーのいう「近代資本主義の労働状況」としての「鋼鉄の容器」に、いかにも近似していること。並びにまた、更に「自分の業務・科学の模写となるのみで」とか、「死んだ文字が生きた知性の代理をし、天性と感受よりも訓練された記憶が、一層危気なく導いている」ともあるように、いわば「知性と感性」が〝事象〔即物〕化〟した「断片」たる「官吏」も、同じくヴェーバーのいう「機械的化石化」した「官僚制」において自己閉塞するあの「専門人／享楽人」に、かなり類似していることである。

序に、そうした類似性においては、「国家と教会との」及び「法律と風習との」いずれも「分裂」は、周知のF・テンニースの「共同社会から利益社会へ」を、また「労働から享楽の」、及び「目的から手段の」ないし「報酬から労苦の」いずれの「分離」も、同じくK・マルクスの「経済学・哲学草稿」における「労働の〔感性的対象からの〕疎外・自然成長的分業化〔自己目的化〕」を、少なからず想起せしめる。その意味で、シラーの如上の表現は、ヴェーバー研究のみならず、また社会学や経済史及び政治史においても、相当程度参照に値しよう。ともあれ、当初「フランス啓蒙主義」において、ドイツのそれと同様、「理性」が「光」に値していたのに対して、以上の文面では却ってあたかも〝暗影としての道具的知〔悟〕性〟に堕したかのように、手厳しく〝批判〟されていることが、如実に伺われる。

12. シラーの「時代診断」における「精神なき断片人／情動なき悦楽人」

それから、シラーの「時代診断」は、既に「第1共和政体」の「国家／〔教区〕共同態／法律／〔慣習〕道徳／労働／享楽〔慰安〕」に、しかも以前にはまた当時の「功利的傾向」も含め、全般的な社会・文化的状況に渡っていたが、中でもその「機械装置」において〝即物〔硬〕化〟した「断片人」としての「官吏」を、以下更に詳しく照射する。

もしも公共体（das gemeine Wesen）が職務（Amt——官職）をもって男子の標準とするならば……もしも公共体がその所属員の一人については唯だ記憶だけを、第二の者については事務的（tabellarischen——統計的）な知性を、第三の者については機械的な技能だけを尊重することがあるならば、もしもここではその性格に対して無頓着に唯だ知識のみに迫り、あそこではこれに反し、秩序の精神と合法（gesetzlichen——順法）的態度とに対しては知性のこの上もない暗黒（Verfinsterung――暗影・悪い結果の前兆）を寛恕する……ならば、もしも以上のことと同時に公共体が人の主観に対してはその広さの大（Extensität――広がり）を看過するのに比例して（als――よりも）、これらの個的技能を強さの大（Intensität――強度）に向って行われることを望む（wissen――心得る）……ならば――そうしたら心情の（Gemüts）自余の素質がないがしろにされて、……そして一切の養成（Pflege――育成）は、かく尊重せられ且つ酬いられる……一つの素質に、向けられるのは、我々にとって〔まさか、本当か、と〕不審を起こすことであろうか（darf..wundern――いや、そうではないであろう、本当であろう）。なるほど我々は、力に充ちた天才は己れの事務（Geschäft――業務）の限界をもって己れの分担（Tätigkeit――活動）の限界とはしないものであることを知っている。がしかし、凡庸の才能者（Talent――能力者）は己れの分担となった業務のうちに彼の乏しい力の全量を消耗する。そして己れの職分（Beruf）をそこねることなしに嗜好（Liebhabereien――性愛的嗜好）のため余力を保持せんとするには、それで既に何ら平凡な頭脳者であってはならないのである。なおその上に、人の力が人の委託の以上に出（übersteigen――を上まわ）ることがある、もしくは天才ある男により一層高尚な精神欲求があってそれが彼の官職の競争者となることがあったりすると（wenn――場合）それは国家の側として（bei――で）歓迎する（gute Empfehlung――好ましい推奨に値する）ことは、稀である。国家はその奉仕者達を独占することについて非常に嫉妬深く、そのために、己れの男をウェーヌス〔ヴィーナス〕・ウラニアと共有するよりは、ウェーヌス・ツィテレアと共有することを、一層容易に決心するであろう（そして誰がそれを不当（unrecht）だとすることができよう（kann）か！〔できないであろう〕）（訳者註、Venus 即ち、美の女神は Cytherea としては官能的な愛を現わし、Urania としては精神的な愛を現わす。必要〔悪としての〕国家は国民がその職務のほかに精神的努力を行ったりすることを好まず、むしろ官能的な逸楽に耽るのを黙認しようとすることを、比喩して述べた）。（Ebd. S.23；同上、一三八―一三九頁）

すなわち、上記「公共体」は、既に「官僚制化」していて、その「官職」の「標準〔構成員資格〕」を、一つには「記憶力」のみ、二つには「統計的知性〔計算能力〕」、三つめには「機械的技能〔技術〕」だけを「分掌」として

「評定」し、ただその際「所属員」の「性格〔人間性〕」は、却って「どうでもよい」のである。とはいえ、そのように「尊重」される「知性」には、「所属員」の「順法精神・態度」に欠けるような〝暗影〟が窺われるにしても、――それをいわば曖昧模糊にして――「容認」するならば、と同時にまた「公共体」が、そもそも人間の「主観性の広がりを見かぎって」、むしろそれら「個別的な知性・技能の強度」のみを「偏重」すべく「心得る」にしても、そうした「全人間性」の「断片的素質の育成」を、もはや「心情の自余の素質」が「見限られている」にも拘らず、いったい誰れが――今さら「まさか、本当か」と――「不審の念を抱くであろうか」――「いやそうではなく、本当であろう」――と、シラーは反語法で「肯定」し、且つ〝皮肉る〟わけである。

更に、そうした「断片人」にしても、その「素質・天分」において「一層高い精神欲求」と「力に充ちた天才」に恵まれた「官吏」は、己れの「事務分掌」をいやしくも「勤務活動」の「限界」とはしない一方、他方で「平凡な能力」しか備えていない「官吏」は、己の「分担業務」を一通り果すだけで、その「乏しい力量」のすべてを「消耗」してしまうことは、よくいわれるところなのである。そこで、後者は自分の「職分」の遂行に支障をきたさずに、その「嗜好」を楽しむには、「並の能力」をもってしては、到底不可能なのである。それに対して、前者は「委託業務を上回る」、あるいは「それに匹敵する」ような「場合」、国家はそれを「喜んで推奨する」よりは、むしろ――いわば保身のため――「妬みがち」で……「その者」が「職責以上に精神的に努力する」ことなど「好まない」。却って、「容易に察しがつく」ように、あたかもヴィーナス・ウラニアとともに、その「精神的な愛」を具現するよりは、却ってヴィーナス・ツィテレアとともに、その「官能的な愛〔を不健全に〕悦楽」し、むしろ〝腑抜け〟になるよう懐柔すべく、「裁量」するであろう。そして「誰れがそれを不当だとしうるか！」――「しえないであろう」――と、シラーは再び先と同様に反語法で、却って否定し、且つ〝皮肉る〟わけである。

13. ヴェーバーの「現代診断」におけるシラーの「時代診断」における「専門人／享楽人」と「断片人／悦楽人」との親和性

そこで、以上二篇の引用文において、シラーの「時〔現〕代診断」とヴェーバーの「現代診断」、並びにそれらにおけるめぼしい諸表現を、意味論的及び統語論的に検討し、且つ比較すると、およそ以下のようになろう。まず、前者における「機械装置・時計仕掛け」が、「公共体の」であれ、後者の「鋼鉄の容器〔機械的化石化〕」と、「資本主義的労働・生産〔経営〕組織の」であれ、いずれも「官僚制化」として、語意の上で共通していることは、既に多言を要さない。しかも、前者の「……ならば」とか……「場合」と、後者の「……どちらでもない場合」が、いずれも「仮言的〔総合〕判断」として、更に前者における「……本当であろう」とか、「……できないであろう」が、後者における「……真理となるやもしれない」と、いずれもむしろ「〔将来的事実に関する〕可能性判断」として、また統語論的に通じ合っていることも、既に明らかである。次に、何より「断片人」は、まず「記憶／統計的知性／機械的技能のみが偏重され、しかも心情のそれら以外の素質が見限られて、専門的に自己育成する」――「主知主義〔的合理化〕には恰好な――「人間」なのである。次に、そうした「官吏」でも、「並みの能力の者は、業務遂行のうちに、乏しい力量を消耗してしまうので、性的な享楽のため、職分に支障をきたさない程度に、余力を惜しむにも、事欠く」一方、他方で「天才と高い精神的欲求に恵まれた男は、委託以上に匹敵しようものなら、それは国家によって妬まれ、助長されるなど、むしろ稀でしかない」。いや、それどころか、あたかも「官能的な愛」に身を持ち崩し、却って「精神的な愛や欲求」を、いわば〝骨抜き〟にされるが如く、「裁量される」のが落ちなので、結局は「並の能力者」と同様、「これといって取柄のない者」に、いわば〝成下がる〟わけである。

したがって、「断片人」は、元々「知的・技術的能力」を備えていても、「精神的な愛・欲求」ばかりか、また「心情のその他の素質〔情感〕」等、「情動」も失った「取り柄のない者」、つまり「理性と感性が分裂して退化」した近代ヨーロッパの未来における「可能的人間像」として、並びに「〔表裏〕一体的」、「凝集的（kollektiv）」に、描かれているように受取られる。というのは、また前述の如き「功利主義的傾向」において不利な状況にあった「〔美的〕芸術の子弟」が、その際には「何にもならない者（Nichtswürdiger）」として「類型化」されたので、ただその「芸術」は上記の「公共体」では、もはや「機械的技術」になっているため、更にこの「技能」のみを「偏重された官吏」も、同じく「取柄のない者」の「団塊（Masse）」に、包括されることになるからである。

そこで、そうした「団塊」の諸々の「語意」を、それもヴェーバーの「精神のない専門人、心情のない享楽人。この取るにたらない者（Fachmenschen ohne Geist, Genußmenschen ohne Herz: dies Nichts ――単数形）」に、およそ倣って「合一」すれば、以下のように要約されよう。すなわち、「精神なき断片人、情動なき悦楽人。この取柄のない者（Bruchstückmenschen ohne Geist, Hedonismenschen ohne Gemütsbewegung: dieses Nichts）」として。

尚、この「悦〔快〕楽人」の「類型的」な要素は、またヴェーバーがB・フランクリンの「職業・倫理」〔によって「例示」した「資本主義の精神」の概念・理想型的要素〕にも、それが「エートス」に「転化」し、「精神のない……／心情のない……」では「還俗」するわけであるが、部分的にその「裏面」に含まれている。すなわち「この〈倫理〉の〈最高善〉……ともいうべき、一切の自然な享楽を厳しく斥けてひたむきに貨幣を獲得しようとする努力は、幸福主義や快楽主義などの（hedonistischen）観点〔を全く帯びていず……〕」(PE I/II 1920, S.35;『大塚訳』、四七—四八頁）として。したがって、ヴェーバーの「現代診断」がシラーの「時代診断」に、並びにまた前者の「専門人／享楽人」が後者の「断片人／悦楽人」にも、「親和」しているとは、まず間違いない。

14. クラウスの「探索」への問題提起

ただ、「専門人／享楽人」は、ほぼ専ら「カルヴィニズム－ピューリタニズム」の「禁欲〔資本主義〕的精神の硬化」の「帰結」として、そして「断片人／悦楽人」は、むしろ「啓蒙・主知主義」の「影響」において、各々論結されているわけであるが、それらの「思想・精神史的系譜」の関連について、後者はともかく、前者に関しては、以下の言及が参照に値する。まず、「倫理」論文の「結論」の少し前で、「職業禁欲〔から〕の市民的職業エートス〔資本主義的精神〕の誕生・転化」は、「宗教的生命にみちていたあの十七世紀が功利的な次の時代（ihrer utilitarischen Erbin——その功利主義的な相続者に）に遺産として残した……」(PE I/II 1920, S.204;『大塚訳』、三五六頁）と。次に、同論文でも既に「結語部分」において、「ともかくも勝利をとげた資本主義は機械の基礎の上に立って以来、この支柱をもう必要としない。禁欲をはからずも後継した啓蒙主義（ihrer lachenden Erbin: der Aufklärung——思いがけず遺産がころがりこんで喜ぶ血縁の薄い相続者、すなわち啓蒙主義）の薔薇色の雰囲気でさえ、今日ではまったく失せ果てたらしく、〈天職〔職業〕……義務〉の思想はかつての宗教的信仰〔内容〕の亡霊として、われわれの生活の中を徘徊している」(PE I/II 1920, S.204;『大塚訳』、三六五頁）とある。

つまり、ヴェーバーは、およそ一七～一八世紀の「禁欲的職業（召命）精神の功利主義的な資本主義的精神への転化」を、シラーによって先に論及されたように、「啓蒙主義」もまた一八〜一九世紀に「最大の功利的生活傾向」に「影響」していたため、後者が前者の「相続者」として、一般に〝誤認〟されていたので、そうした「後継」から識別しているわけである。とはいえ、これも先に辿ったように、前者は「脱呪術化――古代ギリシャにおける科学的思考の専門分化・主知主義化」や「豊かで美しい人間性」に、また後者もそうした「主知主義化」や同じ「古代の全人間性」に遡及されていたことから、双方とも同じ「精神史的系譜」に連なっているわけである。それ故、そうした「系譜」は、ヴェーバーの「専門人／享楽人」の「通時的意味」と解される。

但しそれは、以後「資本主義の精神」が「職業義務の思想」として「亡霊と化した」、及び「啓蒙主義の盛んな雰囲気が失せ果てた今日〔ヴェーバー当時〕」、双方の「思想」の「重複」が以下のように、ヴェーバーによって「確認」されているので、また「共時・状況的意味」にも、更に相当する。すなわち、彼は同論文の先の「例示」の後、中世末期の「〔経済的〕伝統主義」を打破した、「問屋制前貸し業を営む家族出身の青年」の「革新的な資本主義精神〔生活態度〕」を、「自由な啓蒙思想」のそれに、次のように重ね合わせる。「このような個人の道徳的資質は……何より自由主義的な〈啓蒙思想〉こそが、そうしたビジネスライクな生活態度にとって適合的な基礎となる、と人々は考えるかもしれない。実際今日では一般に全くそのとおりなので、生活態度は通常宗教上の出発点をもっていない……。」(PE Ⅰ/Ⅱ 1920, S.52-54 ;『大塚訳』、七六―七九頁)と。

さて、ところでクラウスが、それら「専門人／享楽人」に、シュモラーの「引用」における「偉大な技術者の言葉」、「専門人／享楽人」が「取入れられている」と「論定」したことは、先述の通りである。並びにまた、最後にヴェーバーが、かの「結語部分」で〝末人〟という「定型句を添えている」ので、「何を問題としているか、明らかに示している」と強意したのも、同様である。すなわち、「技術、産業主義、資本主義及び官僚主義の時代における近〔現〕代人の危機と深淵、ないし〔〝末人〟の如き〕脱人間化」が、「問題」なのであった。そしてそれは、これまでヴェーバーの「現代診断」と「専門人／享楽人」を考察してきたように、基本的に正鵠を射ていよう。と同時に、またそれらの「動機〔問題〕」こそ、正にそうした「実存の危機」や「脱人間化」に対する彼のペシミスティックな「可能性判断」に、何より帰されるべきである。

因に、更にシラーにおいても、そうした「問題」、「動機」及び「可能性判断」は、同じく既に考究したように、およそ同様である。したがって、後者の「断片人／悦楽人」の語意こそは、正に前者の「専門人／享楽人」に込められた「主観的意味」として、前述の如きそれら双方の「親和性」により、基本的に理解可能である。

　しかしながら、クラウスの「論定」には、全面的には同意できない。何故なら、仮に彼の「探索」の〝不備〟を度外し、且つまたシュモラーの「引用」ないし「技術者の言葉」――どころか〝末人〟さえ――も、先にふれたように、おそらくヴェーバーの「専門人・享楽人」の「共時・状況的意味」には相当していようが、それら「言葉」――や「定型句」――の「通時・歴史的意味」との脈絡が全く不明のままでは、クラウスの「探索」には、根本的に問題提起しうるからである。つまり、ヴェーバーが「専門人／享楽人」に本質的に「取入れた」のは、「技術者の言葉」――や〝末人〟――よりも、むしろシラーの「断片人／悦楽人」ではないのか、と。何故なら、前者の「主観的意味」は、特に後者の語意に、それら「言葉」――や「定型句」――抜きでも、基本的に共通している――いや、それどころか、また後者の語意にはそれらさえ、幾分由来していないともかぎらない――からである。

　尚、そのように問題提起に止どめるのは、今後当の「言葉」――や「定型句」――の如上の脈絡が判明するかもしれないし、また特にシラーの文献に関しても、以上においてはただ「美的教育」に依拠するのみで、他の当該の、及び二次文献も、何ら取扱っていないため、未だ検討の余地があろうからである。＊＊

文献――〔　〕は略記

Max Weber, Die protestantische Ethik und der Geist des Kapitalismus, in: Gesammelte Aufsätze zur Religionssoziologie, Bd.I〔RS I〕5. Aufl., Tübingen 1920〔PE I/II 1920〕

大塚久雄（訳）『プロテスタンティズムの倫理と資本主義の精神』岩波書店　2001年〔『大塚訳』〕

Max Weber, Die protestantische Ethik und der „Geist" des Kapitalismus, in: Archiev für Sozialwissenschaft und Sozialpolitik, Bd. 20/21, Tübingen 1905 (Reprint, New York–London 1971)〔PE I/II 1905〕

Max Weber Gesamtausgabe.〔MWG〕I/9, Tübingen 2014〔PE I/II 1905–in: MWG〕

Ders., Die》Objektivität《sozialwissenschaftlicher und sozialpolitischer Erkenntnis, 1904–in: Gesammelte Aufsätze zur Wissenschaftslehre〔WL〕, 3. Aufl., Tübingen 1968〔Objektivität 1904〕

Max Weber, Wissenschaft als Beruf, 1917/1919–in: WL, 3. Aufl., Tübingen 1968〔Beruf 1918〕

恒藤　恭（校閲）、富永祐治／立野保男（共訳）『社会科学方法論』岩波書店、一九六六年〔客観性〕

出口勇三（訳）「職業としての学問」（『世界の大思想Ⅱ―7、ヴェーバー宗教・社会論集』）河出書房、一九六六年〔出口訳、一九六六年〕

Hans-Christof Kraus, Dieses Nichts von Fachmensch und Genussmensch–Dem modernen Kapitalismus die Verluste im Kulturellen und Humanen vorrechnen: Nicht nur Nietzsches Hohn über die „letzten Menschen“ stand bei Max Webers Zukunftspessimismus Pate. —— in: FRANKFURTER ALLGEMEINE ZEITUNG〔FAZ〕, MITWOCH, 30. MÄRZ 2016・NR. 74・SEITE N3〔Kraus 2016〕

茨木竹二（訳）「⑵クラウスによる〝末人〃部分の探索、この取るにたらない専門人と享楽人　近代資本主義にその文化的及び人間的損失を試算提示：ニーチェの〝末人〃嘲笑だけが名親ではないヴェーバーの将来ペシミズム〔茨木訳、二〇一七年（七月）〕――茨木竹二『「倫理」論文解釈の倫理問題』時潮社二〇一七年〔『拙著』、二〇一七年〕、結章、第3節〈付録〉「倫理」論文研究における最新の一動向、三二三―三三〇頁。尚、Kraus 2016は同紙の第3面に掲載されているので、便宜上その縦割の段落（Sp.）を左から右へ、並びにまたそれらの横割の段落（Abschn.）も適宜6分し、段落〔1〕―〔6〕には、行（Zeile）の数を、各々Z.1–62〔1〕, Z. 63–92〔2〕, Z. 93–132〔3〕, Z. 133–254〔4〕, Z. 255–288〔5〕, Z.289–332〔6〕に分けて、当てがってある。但し、Sp. 2（17Z.）のみ訳者が見逃していた不手際を、お詫びしたい。

田村信一（訳）、ハンス-クリストフ・クラウス「グスタフ・シュモラーと資本主義の〈精神〉についてのヴェーバー・テーゼ」(Hans-Christof Kraus, Gustav Schmoller und Max Webers These über den „Geist“ des Kapitalismus)『理想』七〇七号、理想社、二〇二二年〔クラウス2022〕

Gustav Schmoller, Grundriß der Allgemeinen Volkswirtschaftslehre, 1. Teil, Leipzig, Dunker & Humbolt, 1900〔Grundriß 1900〕

Wilhelm Hennis, Max Webers Fragestellung, Tübingen 1987〔WH,1987〕

勝又正直／嘉目勝彦／豊田謙二／雀部幸隆（訳）、W・ヘンニース『マックス・ヴェーバーの問題設定』恒星社厚生閣、一九九一年〔『問題設定』〕

茨木竹二「M・ヴェーバー研究の更なる発展にむけて」、『理想』七〇七号、二〇二二年〔「M・ヴェーバー研究」二〇二二年〕

山室信高「マックス・ヴェーバーにおける〈教養《ビルドゥング》〉」、『東洋大学人間科学総合研究所紀要』第19号（二〇一七年）〔「教養」〕

中野敏男「理解社会学を語らずして、どうしてヴェーバーが語れるのか?」、『現代思想』12、青土社、二〇二〇年〔「理解社会学」〕

中野敏男『ヴェーバー入門――理解社会学の射程』筑摩書房、二〇二〇年〔『入門』〕

(Johann Christoph) Friedrich (von) Schiller, Über die ästhetische Erziehung des Menschen 1795〔Schiller 1795〕– in: Schillers Sämtliche Werke, (hersg. von Otto Günter und Georg Witrowski)18.Bd., Leipzig 1910-1911

新関良三（訳）「シラー　人間の美的教育について　一連の書簡」、『世界大思想全集　哲学文芸思想篇22』河出書房、一九五三年〔「新関訳」〕（底本：Schillers Sämtliche Werke, Bd. 12, Säkular-Ausgabe, Cotta'sche Buchhandlung, Stuttgart und Berlin 1904)

清水　清（訳）『シラー美的教養論』、『世界教育宝典』玉川大学出版、一九七二年〔「清水訳」〕（底本：Schillers Sämtliche Werke, hrsg. Von E.v.d.Hellen, Bd.12/ Schillers Philosophische Schriften und Gedichte Auswahl, hrsg. von E. Kühnemann, 1922, Philos, Bibl.Nr. 103)

小栗孝則（訳）『人間の美的教育について』法政大学出版局、二〇〇三年〔「小栗訳」〕（底本：Schillers sämtliche Werke in 12 Bd. Cottasher V. 1847)

注

＊本稿の内容は、既に本誌前号（七〇七号）の巻頭論文、「特集 M・ヴェーバー研究の更なる発展にむけて」〔特集〕の冒頭でふ

れたように、本来ならばそこで叙述されるべきであったが、筆者の不手際で紙幅を超過したため、改めて此度その「補論」として、但しまたそれ自体のみでも独立した論文の体裁で、以下に掲載の機会が得られた。それにたいし、お詫び並びに感謝する次第である。尚、本稿の主旨は、副題の通りであるが、ただその問題提起は、以下で示唆するように、事によると他にもまた主題の前者や、更にはニーチェの〝超人／末人〟に関する従来研究にも、幾分及びうるやもしれない。しかし、そうした示唆は副次的なので、シュモラーの当該文献やニーチェ及びヘンニースのそれも、直接検討するわけではない。

＊＊本稿の送付（昨年4月）から初校まで1年の間、特にヘンニースが「専門人／享楽人」を〝末人〟由来とする（大方敷衍されている）見解を一応検討した際、以下の根本的欠陥が否めなかった。

まず、彼が『問題設定』で『道徳の系譜学』の第三論文〔「禁欲主義の意義」〕とヴェーバーの〔「倫理」〕論文との類似性を、「決定的なもの」と見なす（二一七—二一八頁／WH.S.179）「ヴェーバーが呼んだ輝しい試論（RSI.S.241）」は、「ルサンチマン」の理論との混同である。次に、「専門人」のみが解釈され（三四、二一六頁／WH.S.34,177）、「享楽人」は全くそうでない。またそれは、当該研究全体の根本問題でもあろう。本稿（一〇四頁）では、「幸福・快楽主義的観点が皆無（自然の事態の倒錯・転化・裏返し）」が、「エートスの転化（還俗）」に伴う「専門人」の「表面（精神喪失）」の「裏面（感性喪失）」として、「享楽人」を解釈した。

(1) そうした略記は、本文の以下の〈文献〉に付足してあるので、他の略記もそれに従うことにする。尚、クラウスはこの「探索」を、またそれに『理想』七〇七号（クラウス2022）の注（12）では彼の寄稿、derselbe: Kontroversen um Puritanismus und Kapitalismus. Zur Edition der „Protestantischen Ethik“ von Max Weber, in Jahrbuch Politisches Denken 2015, Berlin 2016, S. 257–264. も付記しているので、既に二〇一五年に——英国・ドイツ現代史を専門領域として——行っているのかもしれないが、それは確かめていない。但し、同誌の出版年は二〇一六年であるから、この寄稿もまた二〇一六年のFAZ（三月三〇日）における上記クラウスの「探索」に、一括してよいであろう。

(2) 尚、そうした「視座」の適用については、既に以前の拙稿〔「M・ヴェーバー研究」、二〇二二年、特に4．5．〕でもここころみてあるので、参照されたい。

(3) なるほど、シュルフターはI／9の脚注84で、そのようにただ「引用としては……」としてしか、注釈していない。但しこうした脚注は、またクラウスも「注釈で」と承知しているように、前者が「編集者」として、例えば『聖書』の翻訳や編集の際、担当者がよく当該関連の箇所や語句を参照項目として網羅して掲げるが如き「注釈」を、一般的に踏まえたものに、相当しよう。したがって、「ヴェーバー研究」においてであれ、何も「専門人／享楽人」を個別テーマとする専門領域に向けられているわけではないので、たとえ後者がそうしたテーマに関して、「更なる拠所にはなりえない」と不満を述べても、元々前者が責めを負うべき事柄ではない。また、解しようによってはクラウスは、更にそうしたテーマを、「追求するには、あまり長くはならない……」とも付言しているので、その後直ちに、むしろ自らが追求した拠所としてシュモラーの当該文献を掲げるので、その意義を強調したかったのかもしれない。

　ともあれ、しかしシュルフターは、脚注84のすぐ前の83で「末人」に関し、「フリードリッヒ・ニーチェ〔のそれ〕にしたがう」と注釈し、当該文献を挙げているので、「専門人／享楽人」については「引用としては証明されていない」と注釈する一方、他方では既にそれと切離して「末人」の引用を取扱っていることから、その点は、前記のようにクラウスがシュモラーの当該文献に依拠することによって、それら双方を別々に取扱うのと同様、やはりヘンニースの研究を踏まえていることを、示していよう。

（4）それに対し、シュルフターはむしろ「〝中国〟の化石化」について留意し、且つ脚注83のすぐ前の82で注釈している。それを原語並びに邦訳で（その前後も付足して）示すと、以下の通りである。そして、その箇所は、ヴェーバーが「客観性」論文で、特に「価値理念」と「観点」の認識機能として、「歴史的個体」の「選択・構成原理（価値関係）」について述べている、かなり文末に近い「総括」部分である。„Weber, Objektivität, S.59: chinesische Erstarrung des Geisteslebens.（中国人の精神生活の硬化）" 「支那人の無感覚〔中国人の精神生活の硬化〕が人類〔その人間性――die Menschheit〕をして絶えず同じように汲み尽し難い生について新しい問題を立てる精神生活〔の習慣〕をやめさせぬ以上〔かぎり〕、文化科学の出発点は涯のない未来にまで変遷しつづけてゆくのである。」（Objektivität S. 184：客観性、六四―六五頁）そこで、そうした「硬化」は、また「精神の形骸化」の意味でも、およそ同義的に解されてよいであろう。

（5）尚、「倫理」論文の「結語部分」ないし〝末人〟部分の我国における取扱いについては、『拙著』（二〇一七年）の結章、第3節の文末における注（5）（三四〇―三四四頁）で概括しておいたので、参照されたい。

また、クラウスの「探索」については、まずドイツで同年三月FAZに「記事」として掲載されて間もない七月、シュルフターにより自ら編集したMWG I/18（「倫理」論文改訂版を所収）の脚注78（S.488）で、早速取上げられている。書き出しは、MWG I/9（同論文初版を所収）の脚注84と同様、「引用としては……」であるが、引続き「〔「専門人／享楽人」という言葉に〕……とにかく近似してグスタフ・シュモラーに、彼には姓名不詳であるが、〝偉大な技術者〟が〝数年前に表明したとされる〟以下の表明が、見出される」と、注釈されている。そして、その「表明」は、先にクラウスが開示した「シュモラーの文句」と同様、「愛なき享楽人と精神なき専門人、この取るにたらない者は……自惚れる」として、シュモラーの当該原典箇所から引用されている。それから、「ヴェーバーは、それを変化させた形で、シュモラーから受け継いでいるかもしれない」と、短評され、最後に上記FAZの「記事」が、典拠並びに参照事項として添えられている。

次に、我国では山室が、それら典拠や参照事項等の「出典情報」を、「シュルフターから個人的教示として受けた」とのことで、「教養」（二〇一七年七月）において、クラウスの「探索」を早々に取扱っている。ただ、その仕方については、既に『拙著』（一九一七年）で中心的に検討した「学術研究における（倫理的）不正」に直接抵触するとまでは、たとえいえないにせよ、少なくとも以下のように間接的には関わりうる意味で、疑念を払拭しえない。まず、山室は「教養」の脚注35で、如上の「教示」にたいして謝意を述べ、最後に「なおこの出典の初出は次の新聞記事である。Hans-Christof Kraus: Dieses Nichts…」と、クラウスの「記事」を付記し、先に取上げたシュモラーの「叙述」たる、「技術の経済、社会及び組織に対する影響」や同じく彼の「文句」における「ある偉大な技術者の言葉」を、彼の当該原典箇所から、直接引用する（「教養」、一〇三頁）。但しその際、同「記事」を翻読していただろうに、それに対する「参照・指示」どころか、また同「記事」の執筆者（クラウス）の氏名も、何ら掲げていない。しかし、それは同「記事」の誠実な取扱いとは、決して見なしえない。何故なら、同「記事」なくしては、それらシュモラーの「叙述」や「文句」の引用は、何らなしうるはずがないからである。

いや、それどころか、更に山室は、既述のようにシュモラーでは「愛なき享楽人」が先に来て、「精神なき専門人」が後に来ているのに、ヴェーバーでは後者が先で、前者がむしろ「心情なき享楽人」として後になっていることに対しても、ヴェーバーは「さらに語順と文言を微妙に変えていることにも注意したい」36として、「クラウス：同箇所、（縦割の）第5段落参照」というように、注記している。しかし、またこのように本文でもクラウスの氏名を何ら挙げていない「行論」は、彼の「記事」のもっと不誠実な取扱いといわねばならない。何故なら、そのように「ヴェーバーは……変えている」と――前述のようにシュルフターは、見ているので、しかしその根拠は定かでないものの、ともかくそれに倣ってのことか――「注意したい」と山室が留意しうる「異同」も、元はといえばまたクラウスが、既述のように取上げた「変更」なくしては、やはり可能なはずがないからである。

つまり、以上の取扱い方を〝不誠実〟と見なすのは、クラウスの氏名を本文で掲げないことによって、彼の「記事（見解）」の「独自性」を損う虞があるからである。まして、如上の「行論」は、既に「教養」の末尾部分に運ばれ、その結論に不可欠の一内容をなしているだけに、なおのことである。すなわち、端的に言えば、山室はヴェーバーの「精神なき専門人」を、専ら「カルヴィニズム－ピューリタニズムの禁欲的精神の硬化（結末）」の脈絡で捉える。但し、「心情なき享楽人」は、むしろ「ドイツ敬虔派」に由来する「教養の心情」、あるいは「敬虔派の感情豊かな信仰生活が育んだ心情」を、とはいえ「失って久しい」信徒のいわば成れの果てと特定し、且つまた「末人たる彼ら心情なき享楽人」としても、同一視しているわけである。したがって、そうした〝区別〟も、また正にクラウスが既に取り上げた「変更」に、元々端を発しているわけである。

ただ、そのようにまた「教養」の論旨にまで立入ってしまったので、それに対する疑問も、同じくその末尾部分の周辺でのみ若干挙げれば、次の通りである。まず、山室は「末人たる心情なき享楽人」として、それら双方を〝同一視〟し、〝末人〟をクラウスと同様、またヴェーバーの「専門人／享楽人」に直結していること。次に、「教養の心情なき享楽人」も、「豊かで美しい人間性の高みに登りつめた、とうぬぼれるのである」と、説明しているが、そうした「人間性」は、先にヴェーバーが引き合いに出したゲーテの「認識」における「古代アテネ」に遡る文脈で伺われた。また、その際「教養」の思想上の代表者として、ゲーテの他にJ・G・ヘルダーやフンボルトも挙げられていたが、更にいわゆる〝疾風怒濤〟や「ドイツ古典主義」の「教養理想」においてゲーテと並び称されるFr・シラーがそうでないのは、どうしてか。それから、先述の如く「機械的化石化」は以前の〝中国の化石化〟の「変更」であったが、それを山室は、またクラウスと同様に留意していない。ただ、それは「より適切な語用」と受取られるもので、となると「教養の心情なき享楽人」の「教養」には、また中国の「家産官僚制」における「教養身分」の「教養」も関わるのか、等々である。

さて、再びクラウスの「探索・記事」の取扱いに戻ると、それを全訳（茨木訳二〇一七年）して巻末に〈付録〉として収めた『拙著』（二〇一七年）が出版されたのは、山室の「教養」の4ヶ月後、同年七月であった。そして、その後この「記事」を、本文あるいは注において引用や参照するなど、明示的に取扱っている論稿や著書は、管見のかぎり何ら見掛けない。しかし、中野の「理解社会学」と『入門』（双方とも二〇二〇年一一月）は、上記「探索」の少くとも参照を、いかにも暗示するものである。というのは、さしあたり中野は、それら双方の「はじめに」(導入) においてであれ、やはり重要な本論で、クラウスが引用したシュモラーの「文句」や「偉大な技術者の言葉」を、ほぼそのまま、むしろ彼の当該原典箇所から、〝引用〟しているからである。ただ、それらは前述のように、またシュルフターや山室によっても、既に引用されているので、察知されていれば、そうした〝引用〟は、むろん可能である。とはいえ、その場合でも、両者ともクラウスの「記事」を出典として明記していることから、そうした〝引用〟の際には、普通その出典をやはり典拠や参照事項として付記するのが、常識である。しかし、中野は、以下のように、それに反している。

……この『プロ倫』においても、なかでも印象深く思い起こす言葉は何かとさらに問えば、やはり〈精神なき専門人、心情なき享楽人、この無なるものが……〉と始まる末尾の一節だということになると思う。ところが近年、この有名な一節がヴェーバーにオリジナルな表現ではなかったということが、ヴェーバー研究者の間ではそれなりに知られるようになってきている。(「理解社会学」、二三七頁：『入門』、一二一—一二三頁)

そして、この後引続きシュモラーの「文句」や「偉大な技術者の言葉」が、彼の当該原典箇所から、〝引用〟されるのであるが、とはいえ、そのように、ただ〝それなりに〟として——『入門』ではそうでないが——である。因みに、〝それなりに〟は、例えば手元の国語辞典では、また他のそれもおよそそうであろうが、「〔不十分ではあるが〕……の能力に相応した。〈子供……の理屈・私……の解釈〉」として、語義が例示されているので、おそらく中野は、〝ヴェーバー研究者の能力に応じて、その者なりに知られるようなってきている〟と、言わんとしたのであろう。但し、この場合〝それなりに〟は、少くとも「周知のように・熟知の通り」等を意味しうるはずはない。何故なら、クラウスの「記事」は、「理解社会学」や『入門』の当時、たった4年ばかり前でしかなく、例えば特にヘンニースの「ニーチェ－ヴェーバー」に比べて、遥かに近年であれば、またその「記事」を取扱っている文献も、既に見回したように、シュルフターや山室のそれ以外には、見当らないからである。となると、そうした〝成り行き〟ないし〝近年の動向〟については、また中野自身にも、〝〔不十分ではあるが〕研究者としての能力に相応して〟——ただ以前シュモラーの当該原典を通読していたので——彼の「文句」や「技術者の言葉」の箇所が——それらに関してはシュルフターや山室が明記している出典・典拠のみならず、またクラウスの「記事」自体も知っていなかったが——〝知られるようになってきている〟ということになろう。

ともあれ、それら出典・典拠が、既に明示されていた以上、中野がその〝引用〟の際——また『入門』でも——それらを掲げていないことは、むしろ怠慢として、いやそれどころか、そもそもクラウスの「探索」の独自性を損なう、既述の如き「〔倫理的〕不正〔行為〕」として、甚だ「研究者の良心」に〝悖る〟、といわねばならない。しかも、にも拘らず中野は、上記〝引用〟の直後、更に「……シュモラーが先に使っていたこの言葉を、ヴェーバーはなぜそれと断りもなく考察の結びに使うことができたのか。」と、〝無断借用の嫌疑を〟掛けさえするのである(「理解社会学」、同上)。しかし、それに対しては、むしろそもそもクラウスが引用したシュモラーの「文句」や「技術者の言葉」に関して、結果的にであれ、そうした〝嫌疑〟が掛けられるべきは、却って中野の方ではないのか、と反論したいところである。

さて、以上長々とヴェーバーの「専門人／享楽人」及びシュモラーないし「偉大な技術者」の「享楽人／専門人」の取扱い経緯を、クラウスのそれも含めて論評してきたが、いずれも共通して前者が後者を取入れている、と見ているわけである。しかし、そうした可能性はヴェーバーやシュモラー当時だけに止まるのであろうか。というのは、先に遡及したように、前者は「古代アテネの豊かで美しい人間性の時代」以来の「精神史的系譜」に、更に連なっているからである。

(6) 序に、そうした邂逅の経緯についてできるだけ略述すると、以下の通りである。筆者は、およそ一〇年ほど前までは、主にヴェーバーの社会学や方法論における「価値関係・自由」、「一面的観点」及び「理想型」を追究し、またそれに併行して、当時までのH・ヴェルフリンの「芸術史」(茨木竹二「もう一つの〝理想型〟〈上/下〉」——『社会学史研究〈第13/14号〉』日本社会学史学会、一九九一/一九二二年)やA・ヒルデブラント、C・フィードラー及びH・ブルンに代表される「形式主義的美学」におけるそれらに共通する諸概念も、取扱ってきた(茨木竹二「〈文化科学方法論〉の検討にむけて」——『思想』八一五号、岩波書店、一九九二年)。

更に、それら諸概念については、チュービンゲン大学留学(一九九三—一九九四年)を機会に、特に美学・芸術史研究室でJ・J・ヴィンケルマンの『ギリシャ美術模倣論』やG・E・レッシングの『ラオコーン』論に遡及する際、シラーの「美的教育」にそれら諸概念の端緒が少なからず見出され、その点も含めてそうした取扱いを、ひとまず総括した(茨木竹二「歴史社会学としてのヴェーバー社会学の生成と特性〈Ⅰ/Ⅱ/Ⅲ/Ⅳ〉」、『いわき明星大学 人文学部紀要〈第11/12/13/14号〉』、一九九八/一九九九/二〇〇〇/二〇〇一年)及び、茨木竹二/斉藤理恵「ヴェーバーとヴェルフリンにおける直観的合理主義」、茨木竹二編『ドイツ社会学とマックス・ヴェーバー』時潮社、二〇一二年)次第であった。

但し、それまでは、如上の邂逅に気付いたわけでなく、むしろ『拙著』(二〇一七年)を書上げるため、退職を1年早め、特にそれらの端緒を見極めるべく、改めて「美的教育」を再三読み返し、研究ノートを取っているうち、『拙著』で既にクラウスの「記事」を全訳していたことが幸いしてであろう、その一、二年後「まてよ」と急に気になったのが、前記の「時代診断」であった。しかも、またそこで文意において「精神なき断片人」及び「情動なき悦楽人」として要約しうる表現こそは、以下で明らかなように、正にヴェーバーの「専門人/享楽人」に、よく「親和」しているように見込まれ、あたかも巡り合ったかの如き印象であった。

尚、「美的教育」の邦訳は、戦後まもなく開始され「新関訳」、「清水訳」及び「小栗訳」の他にも、更に「小栗訳」以前の他の出版社による刊行書も含めれば、もう二～三典多くなろう。「清水訳」は、「訳注」において特に哲学的知見に関して、「小栗訳」は、「展開」において主にシラー当時の文芸史的状況について、少なからず参考になった。ただ、以下主に「新関訳」に依拠するのは、「清水訳」とともに文体や文字使いがかなり旧く、「小栗訳」はそうでなく、比較的読みやすいものの、殊に上記「時代診断」の箇所で、訳語が筆者の行論により適っていれば、またその底本に当る原書(Fraktur——ドイツ活字体、以下引用ではラテン活字体に変更)を、上記留学の際既に調達してもいたからである。

(7) 更に、「小栗訳(展開)」は、〝疾風と怒涛〟をめぐるドイツの政治・精神史的状況についても注釈しているので、参照されたい。

(いばらき　たけじ)